突围

——化解职场危机

张春晖 王玮 编著

重庆出版集团 重庆出版社

图书在版编目(CIP)数据

突围——化解职场危机 / 张春晖，王玮 编著. —重庆：重庆出版社，2011.8

ISBN 978-7-229-03909-7

Ⅰ. 突… Ⅱ. ①张… ②王… Ⅲ. 职业选择—通俗读物 Ⅳ. C913.2-49

中国版本图书馆 CIP 数据核字(2011)第 056460 号

突围——化解职场危机

TUWEI—HUAJIE ZHICHANG WEIJI

张春晖 王 玮 编著

出 版 人：罗小卫
责任编辑：陶志宏 何 晶
责任校对：夏则斌
装帧设计：重庆出版集团艺术设计有限公司·王芳甜

重庆出版集团
重 庆 出 版 社 **出版**

重庆长江二路 205 号 邮政编码：400016 http://www.cqph.com
重庆出版集团艺术设计有限公司制版
重庆华林天美印务有限公司印刷
重庆出版集团图书发行有限公司发行
E-MAIL:fxchu@cqph.com 邮购电话：023-68809452
全国新华书店经销

开本：720mm×1 000mm 1/16 印张：11.75 字数：168 千
2011 年 8 月第 1 版 2011 年 8 月第 1 次印刷
ISBN 978-7-229-03909-7
定价：22.50 元

如有印装质量问题，请向本集团图书发行有限公司调换：023-68706683

2009年,好莱坞灾难大片《2012》一度火爆全球大屏幕,这部科幻电影除了给我们带来紧凑的故事情节和炫目的视觉刺激之外,也给我们人类带来许多思考:世界末日或许不会真正到来,但灾难或危机却无时无刻不潜伏在我们的生活和工作周围,面对可能发生的灾难或危机,我们应该如何应对?

比起《2012》所描述的扣人心弦的灾难场面,2008年的世界金融危机带给人们的冲击简直一点也不逊色。在犹如狂风暴雨般的金融危机席卷下,无数的企业和身在其中的职场人都经历了前所未有的职场危机。电影中还能有幸运的人可以登上诺亚方舟以此避难,可现实中的这场金融海啸却无人能够幸免:业务量锐减、客户流失、裁员、降薪、降职……一系列扑面而来的职场危机让原本还算比较安逸的职场生存环境立即变得危机四伏。就算,已时过两年,但余波犹在。

并非危言耸听,职业危机确实无处不在。国内某门户网站就曾做过一项个人职业危机的调查,其结果显示:有90.5%的人曾遇到过职业危机,这几乎是一个"人人自危"的年代。因为只有不到一成的人能在泰然自若的状态下工作。

近几十年来,随着经济、科技等不断地发展,仿佛地球也变得更小,传达优秀成果的同时,各种危机病毒也会利用这个彼此相连的链条把危机下的经济重创同样地波及到世界任何一个角落。谁都别想置身事外、不受波及。

仿佛一瞬间,我们又回到了那个弱肉强食的世界,竞争更加成为了人人自保的最有效武器。而职场则是几乎承载了所有战争的战场。如果你现在仍处在职场之中,那么就得准备好迎接每个不知何时袭来的职场危机,不管你身处职场中的哪个阶段。

还好，人类依然是适应环境与解决困难的一把好手，所以，近几年有关职场“危机处理”的问题都已变成职场人必修的重要课题。

对于职场人士来说，无论身处何等企业、位居何等职位，想要幸存于危机之中，就必须要有强烈的危机感。这种危机感是一种居安思危的前瞻，是一种步步为营的稳健处世风格，只有这样才能更好地保障自身在企业的长久发展。所以，那不到一成的幸运人士更要保持嗅觉敏锐，未雨绸缪了。

而对已经陷入职场危机的人来说，不但需要提防下一轮危机的到来，更要掌握处理现在正在面临的危机的方法和策略，以求平稳渡过，或者将损失减小到最少，以便迎接自己事业的再一春。在电影《2012》中，我们看到，面对滔天巨浪的袭击，人类最终采取的就是登上预先制造好的巨大船舰得以生存——在职场生存法则中，我们同样需要为自己定制一艘诺亚方舟，以备职场逃生之用。

职场人要制造自己的诺亚方舟——在现实中就是工作技能的提升、多方面才艺的培养、人际关系的拓展、新工作机会的留意，以及健康状况的储备，等等。技能的提升可以令自己即使离开现有环境仍然有很强的竞争力，人际关系的拓展则可以帮助自己获得更多的外部机会，新工作机会的留意则让自己知道何时是迅速转场的契机，而身体是革命的本钱，良好的健康状况是我们职场打拼的最坚实基础——当你掌握了这些危机处理办法，无疑就为自己打造了一艘固若金汤的诺亚方舟。

本书为职场中人全方位解读了职场存在的各类危机，以期唤起还没有遭遇危机的职场人的危机意识，并详细介绍了应对和处理危机所应用的有效可行的职场策略，就此为已陷入危机之人提供一套可行之方。可以说是一本职场危机处理的全方位的攻略手册！

有一句西方的格言道出了危机的真谛：危机就如死亡与税收一样，是不可避免的。是啊，危机与灾难一样，我们惧怕、讨厌它，但是我们却无法完全回避它。面对职场中的重重危机，我们唯一能做的就是预防以及培养应对策略，处理好了，说不定还能将危机转换成转机，让自己的事业更上一层楼！

目录 Contents

第一章

就业高压依旧在

近年来，由于高校的扩张政策，大学毕业生人数连年递增。再加上经济危机的侵袭，下岗人数也有增无减。导致了无论是混迹职场多年的老手还是初出茅庐的新鲜人，在就业形势面前，都倍感压力。职场中的就业压力日渐严峻起来。

第一节 毕业即失业

“把简历投在沙滩上，被浪带走了；把简历投在草坪上，被风带走了；把简历投在天空里，被白云带走了；于是乎，我把简历贴满了大街小巷——我被城管带走了！”

这是在陷入就业危机的群体中广泛流传的一句话。没有抱怨的话语却又无处不倾诉着求职者的心声，同时也是今年大约100万名中国大学毕业生难以回避的就业危机。即将步入职场的新鲜人不能不小心，一个闪失就会有掉进职场中的第一个危机——就业危机的危险。

电视剧《蜗居》之所以火遍了大江南北，是因为它的剧情更为贴近老百姓的很多现实问题。其中关于就业的问题最为瞩目。它毕竟是一个人生存的前提，尤其对于刚走出校园的大学生，解决就业问题也是他们必须要面对的第一个难题，更是社会这个学校给他们上的第一课。

不少刚刚迈出校门的莘莘学子无法面对犹如战场般厮杀的就业环境。面对职场上第一个就业危机的到来，这些拥有黄金般年龄的年轻人，在压力下却跳动着一颗苍老的心。长时间没有找到理想工作的年轻人，有的甚至不得不求助于心理咨询师，以此为自己排忧解难。

去年毕业的小张，至今还是“漂一族”的成员。刚毕业的时候也满怀激情地努力过，大大小小的犹如煮饺子似的招聘会也曾去过无数次，投出无数不惜血本精心制作的简历，排着长队经历了长时间的等待就为了能有一个面对面和招聘方谈话的机会，想好好抓紧机会表现一下自己，往往没说上几句，就被人打断了，只要求简短地介绍一下概况就行。没办法啊，后面还有好些人呢！虽然也得到某些公司抛过来的橄榄枝，但不是职位不好，就是薪资没有达到自己的心理标准，结果都不能令他满意。年轻人心高气盛、宁缺毋滥，导致时过一年还在社会上“晃”着。每当看见父母想问又怕会给他带来压力的眼神，心里就特别不好受，但实在是不想委屈自己。不理想的工作不去，一心盼望的行业和职位又有太多的竞争对手。没办法，僧多粥少，供大于求，所以小张时常会露出“为什么就没有适合我的工作”的一脸茫然。

黄达所在的班上，一共43人，毕业在即只有不到10人敲定了工作，走出校门的日子越临近班上的气氛就越凝重和压抑。大家都在为即将展现在自己面前的职场生涯而忧心忡忡。早就知道职场如战场，虽然都做好了准备，但还是被就业现状所震撼。战场虽残酷，但现在想进这个战场都进不去，还没有和职场沾上边就陷入了职场的就业危机之中。

“四年来我都非常努力，但是没想到今年的形势却是这样的。”李煜抱怨说。李煜是来自一个西部贫困家庭的孩子，全家人的希望都落在李煜的身上，本想能够通过学习来摆脱贫困的帽子，可以在毕业之后找到一份体面的工作，以补贴大学四年的学费带给这个家庭的巨大亏空，无情的就业现实却狠狠地挡住了他出人头地的路。怎么也迈不出这理想新生活的关键一步。

现在的大学生面对毕业临近不再是斗志昂扬的激情澎湃，而是对校园安逸生活的恋恋不舍。因为工作没有着落，意味着毕业即失业。

就业危机已经成为当今大学毕业生最大的危机，残酷的现实不得不让毕业生们重新认识、定义未来赖以生存的职场环境。

职场自救攻略

【先就业再择业】

虽说就业困难局面早已成为现实，但是近来人才市场招聘会上竟出现了2000多个岗位仅数百名学子问津这样罕见的一幕。究其原因，并不是大多数学子都已经找到了工作，而是多数企业开出的1200～1800元之间的月薪让学子们觉得太低，让他们无法接受。一名即将毕业的学生直言：月薪低于2000元我们连简历都不会投的。

追其根源，其实大学毕业生嫌弃低工资也不是一点道理都没有，都是现实生活所迫的选择，更是无奈的选择。想想也是，如果是身处异地的职场人，房租一月就得几百块，再除去车费、生活费，不说是月光，也肯定是所剩无几。工作一年下来，能够维持的仅仅是自己的生存，指着工资买房结婚简直就是天方夜谭。

谁都知道想要过得轻松点就得找个优岗位、高薪水的工作。可是优岗位、高薪水的工作实在是凤毛麟角。对于遭遇了全球经济低迷的企业来说，面临的困难要比职场人多得多。工作强度大、薪水待遇少也是实属无奈。而让企业能够高枕无忧的是求职市场供大于求，永远不怕找不到干活的人。

所以，毕业生们又何苦在“优岗位、高薪水”一棵树上吊死呢？万事没有一次性就进入正轨的，都需要一个过渡阶段。积累经验才是需要首要考虑的。吃得苦中苦，方为人上人，这才是成就英雄之道。谁不是从低薪过渡到高薪，哪有一口就能吃成个胖子的呢？

几年前，媒体报道大学生找不到工作后被迫补鞋、卖糖葫芦；几百名大学生为竞争公厕的岗位挤破头……现在居然有业不就，还说“月薪低于2000元不就业”，不是有意错失就业机会么？

所以“先就业，再择业”，在激烈的就业环境下日益成为毕业生求职生涯中不得不做的选择。

【认清自己，抓住机遇】

就业，其实是就机遇、就心态。而机遇也总是垂青有准备的头脑；而心态是让自己理性地进入职场。

客观条件在面前摆着，即使有所期待，也要恰如其分。否则期望越高，打击越大。

值得思考的是：你的期望值如何把握？

有一个经典的提问：有一间藏有很多幅画的房子突然着火了，房子最里头放着价值连城的名画，而一般的画作堆放在门口，你应该先拿哪幅画？

聪明人的答案应该是：抢救门口的画作。

职场的求职期望，就如抢救画作一样——让期望值离自己近一点，先完成最容易实现的目标。

毕业生要对自己有一个恰如其分的评估，努力缩小“期望我”和“现实我”的差距。在寻找职业时，既不好高骛远，又不妄自菲薄，要把长远目标与近期目标有机地统一起来，这样才有助于“期望我”的最终实现。

【加减乘除求职法】

所谓“加”，就是要充实自己的求职资本；“减”，就是简化自己的求职信息；“乘”，就是放大特长；“除”，就是除去陋习。

学历要“加”，求职的时候应当增加自己的学历等“硬件”，简历上不宜发挥您的谦虚作风，让自己的求职资本厚实一些。

简历要“减”，之所以叫“简”历，就是要把简历里用处不大的信息删除掉，在不缺少“实料”的前提下做到简单明了。

特长要“乘”，不要吝啬把你的优点展示给面试官，努力地将它无限放大开来。

陋习要“除”，不要把学校的做人做事风格延续到职场上来，更是要把身上影响求职的陋习彻底剔除。

运用好“加减乘除求职法”，你的求职之路必将更加顺畅。

梦想回归现实，快速脱离学校氛围，要知道校园和职场是两回事。

第二节 危险的试用期

所有的职场人，试用期是永远需要最先面对的职场挑战。面对进入职场的第一关，多少过来人把“试用期”当成“剥削期”！原因是试用期往往容易成为一些无良老板逃避法定义务的最有利时期,也就是所谓的“试用期陷阱”。

所谓“试用期陷阱”,通常指的是企业以低廉的试用期薪酬招收员工为企业工作,而在试用期即将结束应该与员工签订正式劳动合同的时候借故将试用的员工辞退,从而达到以低成本换取利润的目的。

对于受害的员工来说,“试用期陷阱”不但造成了工作付出与薪酬回报远远不成比例的悲惨后果,而且还浪费了选择工作的机会成本。虽然已经找到工作,但还是没有真正地摆脱就业危机。

试用期陷阱有两种,一种是以各种理由告诉求职者是不合格的,公司解聘也是无奈之举,从而再以很少的薪水继续招聘同样也不会熬过试用期的新人,周而复始,降低成本。

另一种就是非法延长试用期,以短时间之内不能考察一个人的能力为理由,无限延长试用期。

对于“试用期陷阱”的屡禁不止,其根源还是由于激烈的职场就业形势,求职者与用人单位数量之间的不成比例造成的。求职者往往为了能够找份工作而不得不忍受往往是“超长”且“低薪”的试用期。就算你不去,也有别人会去。

求职者多数处于较为弱势的地位,再加上劳动力市场还不是很规范,所以一旦发生“试用期陷阱”这样的劳动纠纷,维权的成本又很高。因此,很少有受害的劳动者愿意通过法律途径挽回损失,对此只好忍气吞声。

刚刚被单位辞退的小张就免不了大倒苦水。原来,刚毕业不久的小张被一家单位聘用,双方讲好试用 3 个月。在试用期内,小张表现积极,要求进步,满以为试用期满后会被正式录用。可谁能想到,试用期满后用人单位以缩减编制为借口,解雇了小张。心中满腔的热情被生生泼上一盆冷水。原想可以在公司好好发挥自己的才华,谁想到又要重新加入求职大军中去。和以前不同的是对未来开始多了份怀疑。

比起小张,同样面对试用期陷阱的林峰得到的被辞退的原因就更让人气结。今年春节过后,他在一家民营企业开办的外贸公司做销售员,也讲好有 3 个月试用期。其间,工资很低,林峰忍了,心想反正 3 个月以后就会好了。但是到了快转正时，却被告知公司招到了比他更合适的人员，林峰的能力达不到公司要求的标准，请他另谋高就。林峰大受打击，对此一筹莫展。后来，林峰又应聘进入一家车辆制造企业担任销售助理职位。当得知公司方面提出的试用期要求、待遇标准与前一个公司一样时，林峰当即根据前车之鉴怀疑自己也许又误入了“试用期陷阱”。如果真是陷阱，林峰自然避过一劫，如果要是3个月后真的转正了，那么岂不是白白失去了一次就业机会。所以现在林峰对试用期的说法也不知如何是好了。

遭遇过“试用期陷阱”的年轻人，都对职场现状有很大的失望，在求职过程中，对公司的信用也产生了很大的怀疑态度。甚至对什么都疑神疑鬼，以至于错过了很多大好机会。

职场自救攻略

对于求职者来说，避免陷入“试用期陷阱”的方法是求职者有必要全面了解所进企业的“试用期间员工权利”。

葛小姐应聘进入一家外贸公司，担任招聘主管一职，与公司签订了为期一年的劳动合同(2004年6月1日至2005年8月31日)，约定试用期为3个月，即从2004年6月1日至2004年8月31日；试用期工资3200元，转正以后岗位工资3200元，考核工资800元。

2004年8月31日，也就是试用期的最后一天，葛小姐因突患急性肠胃炎去医院就诊，医院开具了一天的病假单。

2004年9月1日，也就是试用期结束转正后的第一天，葛小姐照常去公司上班，却收到了公司的《试用期终止合同通知》，落款时间为2004年8月31日。

葛小姐觉得十分委屈，对公司的决定很不甘心，一心想要讨回公道。遂向劳动争议仲裁委员会申请仲裁，仲裁审理后，驳回了葛小姐的申诉请求。

葛小姐又起诉至法院。庭审中，葛小姐认为，公司规定病假应事先打电话至公司请假，并于病好后补交医院病假证明。其于8月31日早上打过电话给公司，告知公司患了急性肠胃炎，需请一天病假，也得到了公司的同意；而公司在电话中并未通知要与其解除劳动合同。9月1日上班后，公司领导找其谈话，告知其公司效益不好，让她选择走人。得到葛小姐的否定后，公司开给了她这张终止合同的通知，并强行让其办理了移交手续。

而公司方面则认为，公司于8月25日已找葛小姐谈过，告知其因不能达到岗位的工作要求，公司要与其解除劳动合同，8月31日是书面正式通知。因8月31日葛小姐未来公司上班，所以无法将通知交于葛小姐，经事后调查，公司也无人接到过葛小姐的请假电话。

法院审理后认为，用人单位在试用期内解除与劳动者的劳动关系，负有法定的举证义务，即必须有证据证明劳动者不符合“录用条件”，而公司未能充分举证。其次，公司以葛小姐8月31日未来公司上班为由，解释为何在劳动关系转正后通知葛小姐解除劳动关系，理由不能成立。

作为用人单位在试用期内解除劳动关系，应及时通知劳动者，可通过各种方式，如电话等。由于公司未尽到应尽的义务，故判决公司支付葛小姐3200元补偿金。

由葛小姐的经历足可以说明：

【试用期内用人单位并非可以随意解除劳动合同】

劳动者在试用期间被证明不符合录用条件的，用人单位可以解除劳动合同。可见在试用期内，用人单位解除与劳动者的劳动合同是有前提的，即必须能举证证明劳动者不符合录用条件。

【试用期解除的时限】

如果劳动者被证明真的不符合录用条件，单位应在试用期最后一天劳动者下班以前通知劳动者，过了这个时间，应认为劳动者已经试用合格，转正为正式员工。

【未提前通知解除劳动合同的替代金】

用人单位解除合同未按规定提前30日通知劳动者的，自通知之日起30日内，用人单位应当对劳动者承担劳动合同约定的义务，主要为支付劳动者一个月的工资。

避免你陷入危机的最关键的一点是：千万不要轻信用人单位的口头承诺，任何试用期的要求和考核应该落在白纸黑字的书面上。

当你深陷“试用期陷阱”的时候，一定不要抱以自认倒霉的态度，那样只会更加纵容投机取巧的用人单位。当我们的利益受到侵害，完全可以通过法律途径来讨回公道。

第三节　高学历的就业尴尬

没有哪个人会嫌自己学历高的。我们努力读书不只是为了学到知识，还期望着能够取得一份好文凭。因为好的文凭就像一块好的敲门砖，分量越重，敲得就越响，别人就越容易听见，自己就越容易进去。

但是随着近年来国家各大高校的扩招，别说本科生的人数迅速膨胀，就连硕士生、博士生、海归派这些高学历者的队伍也是逐步壮大。在大学生越来越难以就业的大环境里，硕士生以上的高学历无疑又给大专、本科生增加了一道无形的枷锁。

为了避开沉重的就业压力，很多同学在大学毕业之后都把考研、读博作为躲避就业压力的一条最佳出路。也是为了得到更有分量的敲门砖而奋斗不息。终于等到硕士、博士毕业了，畅想着凭着高学历就可以在职场上无往不利、来去自如时，赫然发现本以为“有了高学历就能找到好工作”，事实却并非如此。

这个有点陈旧的观念早已被今天的就业形势所攻破。现实往往是：虽然用人单位的门槛是越拔越高，却还是有好多硕士生、博士生照样找不到适合自己的工作，最后不得不让自己沦为普通打工者的一员。恍然认识到比别人多念的那么几年书并没有给自己多加了几分啊！

据统计，在用人单位实际的需求中，对本科学历人才的需求占32%，对硕士及博士学历人才的需求才各占1%，而表明要专科层次人才的却占了41%。估计，硕士、博士们看到这项调查会冷冷地抽气吧。原因在于如今的用人单位已经从以前盲目追求高学历的怪圈中走了出来，用人求"实"不求"高"已成趋势。在很多单位，宁可招收技术院校的学生，也不愿招收空有文凭而疏于实际操作能力的大学生，所以现在有好多大学生甚至不如技校生那么吃香。准确地应了这句话：高学历未必高就业。

在就业竞争十分激烈的今天，劳动力过剩的问题也已经不仅仅是困扰低学历者的问题了，一大批拥有高学历的知识型人才也正在加入到失业大军中去。

怀揣高等文凭却在人才市场到处碰壁的场景绝对不是什么新鲜事了。

在杭州市举办的多场"高级人才招聘会"上，招聘企业打出声明："博士学历不抵工作经验"的现象屡屡可见。除了一些大专院校的教师岗位要求硕士或博士学位外，大多数岗位要求的仅仅是"大专以上学历，3年以上工作经验"，这样的标准让那些刚刚走出十年"寒窗"的高学历者简直是大跌眼镜。

博士生小陈一直以为所学的经济学专业是个热门，自己学历又是博士，毕业后一定能够毫无悬念地找个好工作。没想到毕业后投入在求职热潮中时却发现现实并没有自己想象的那么乐观，不幸地又赶上了金融危机，一些单位又取消了招聘计划，就业形势一下子变得更加严峻起来。"年前，我一个OFFER都没拿到，觉得很有把握的几个企业，连面试的通知都没有给我。"小陈说。

"不要以为学历高就业就轻松！"对于中山大学博士生小李来说，去年春节是最难过的一个，因为不仅要烦心毕业论文，还得为工作烦恼。"都说金融危机，企业看好高学历学生，可是又考虑到高学历员工薪酬成本也高，有些企业会直接控制成本，倾向于招本科生。这样一来，弄得我们很尴尬，高不成低不就。"

为什么很多企业都对高学历者敬而远之，很大一部分原因是因为高学历者薪金要求相对较高，让很多企业"望而却步"。很多博士开口就是月薪七八千甚至上万元，吓退了很多企业。而且高学历者有很强的优越感，长远来说不会甘愿工作上的“屈就”，一不顺心，跳槽的几率很大。这山望着那山高，动不动就跳槽，造成了管理上的困难。

对于企业的忧虑，与几年前博士生月薪期望值八九千甚至过万相比，从去年开始，应届博士毕业生起薪点持续下降。很多博士生表示，只要企业在北京、上海、广州等大城市，且发展前景不错，薪水 5000 元以上都能接受。

虽然已经降低了薪资要求，但是就业前景却并没有好转。“今年有十几个硕士生、博士生来应聘。但是到目前为止，我们仍然一个都没有通知来面试。”李先生就职于一家世界 500 强企业的人力资源部。他表示，金融风暴令企业用人变得更为谨慎与务实，今日职场已不再唯文凭是用。硕士生、博士生虽然拥有丰富的专业知识，但他们更愿意选择大专生、本科生中的技能型、复合型人才。

职场自救攻略

是不是高学历这块砖头对高学历求职者一点帮助没有了呢？昔日苦读时流下的汗水也白流了？

虽然高学历并不代表高能力，不代表高水平就业。但是，高学历并没有成为求职者的累赘，有时候更意味着机会。比如，在其他条件差不多的情况下，高学历者就会占有一定的优势。尤其是教育、科研机构以及企业研发部门，招聘硕士及硕士以上学历的毕业生，已成为用人的基本要求。还有一些用人单位认为高学历人才多，可以树立单位人才济济的形象，人力资源部门也把招聘到多少高学历人才，作为一个重要工作业绩。加上有些国企缺少行之有效的人事考核制度，他们觉得招高学历人才会比较放心。高科技单位要求应聘人员有扎实的基础知识，这方面研究生、博士生要比大专生、本科生占有一定优势。

但是就目前社会上就业现象来说，中国经过多年的人才培养，高学历者每年以 30%以上的速度递增，加上目前企事业单位的干部职工已呈年轻化趋势，难以腾出更多的就业岗位，就迫使很多高学历者和所有的求职者一样向外资、民营及私营企业寻找就业岗位。大千世界，众生平等，想在这

个复杂多变的职场中求生存的话，无论你的学历级别有多高，还是要从小、从低，扎扎实实地做起。

【脱离梦游仙境，回归现实】

为什么都想获得高学历文凭，一是对所学专业的喜爱，想多做了解、研究；另一方面就是高学历文凭可以为高水平就业领路。所以很多高学历者都把择业范围限定在大城市的省市级机关、科研院所、高校、高新技术企业、效益好的国有企业等。可是这样一来，就无形中限制了择业范围。而现实的就业环境却扼杀了高学历者的梦想。所以现今对于高学历者最要紧的还是避免空等，要先上岗，再调整心态继续充电，"工作经验胜过几张证书"。

在择业大潮中，面对既有大专、本科毕业的年轻学子，也有工作经验丰富、面临重新选择的职场老将，这些高学历者多少显得有些高不成低不就。

硕士生、博士生想要摆脱职场就业危机就要"放下身段，甘当小学生"，从新开始，勤勤恳恳做事，踏踏实实做人。调整心态，找准定位，这样一来，高学历求职者的就业道路依然宽阔无比。

因此，那些打算考取高学历或者正在读研、考博的学生，应该更多地注意专业性和实际工作能力的培养，而不要盲目地以为"更高学历就等于更高就业"。要知道，大多数用人单位需要的是有实际工作经验的人才，而不是徒有虚名，空有几张学历证明的"空壳"。

【高学历者更要"放下架子"】

一个人能够清楚地认识自己是很重要的，资历越高的人就越要正确地认识自己，否则将会站得越高摔得就越狼狈。只有真正摆正自己的位置，才能根据自己的能力而量身定做适合自己的成功途径。

在职场这个战场中，尤其是高学历者，千万不要把自己看得过高，以为凭借高人一等的学历就可以轻松游戏于职场之中的观念，在这个残酷的凭实力说话的世界里是不切实际的。

有一位刚刚在美国读完 MBA 的男青年，回国后在激烈的求职竞争中脱颖而出，进入了一家世界 500 强企业的北京办事处工作。试用期间，老板刚开始总把一些鸡毛蒜皮的小事交给他做，他有点不满意，总觉得自己是高技能人才，怎么能干这种近乎打杂之类的小事情呢？于是，在一次计划书的招标会上，他把自己准备的材料交了上去，一心以为可以博得老板的赞赏、同事们的刮目相看。没想到会议结束后，他就收到了人事处的解聘通知。原来，他因为不在乎那些鸡毛蒜皮的小事，总是马马虎虎、草草了事，把“进口”误以为是“出口”，使公司在利益和信誉上蒙受了双重损失。

其实在职场上，像这位男青年的人不在少数，很多受过高等教育的人在刚刚参加工作时，总是对自己抱有很高的期望，把一进公司就可以凭借自己的高学历进而受到重用看成是理所应当的。一旦现实并没有按照他们预想的发展下去，就会很容易对工作产生厌倦心理，工作时也会心不在焉。缺乏责任感、进取心，这样一来，怎么不会陷入职业危机呢？

【勇于接受市场检验】

“博士学位不抵工作经验”，反映了企业对人才认识的理性回归。高学历学生在就业中碰到一些困难也就不足为怪，这是市场发展的规律，是正常的市场需求表现。

因为在市场经济环境中，任何劳动力都要进入市场接受检验。只有当你的技能符合买方需求，你的市场价值才会被认可。企业对于人才，也是有不同层次的要求的，寻求的往往是最适合的人才，而未必是最好的人才。比如一些生产一线的技工、操作工，就要比研究生、博士生在操作上来得强。所以如何看待人才，是一个辩证的关系问题。既不是“学历越高越无用”，更不是“只要有实践，没有知识做后盾也没关系”。

作为高学历人才，想要在职场中崭露头角、得偿所愿，除了扎实的专业知识外，还需要技能方面的教育，注重多参加社会实践。因为现在许多用人单位更看重学生的能力，而并非学历的高低。脱掉“高学历”这件华丽的衣服，有更强的能力，才是在社会上立足的资本。

每开始一个新的阶段，都会有无数竞争者与你站在同一个起跑线上。曾经的辉煌虽属于昨天，但昨天的干劲却可以重复利用。

第四节 职场两性难平等

职场从来都不曾风平浪静过，其蕴藏的玄机风险更是数不胜数。在社会中同时被赋予多个角色的女性职场人更是要怀揣十二分的斗志与智慧。因为不但要应付所有职场人要应付的各种职场问题，还要应付一个只针对女性而言的职场性别歧视危机。就目前而言就业形式严峻、劳动力市场供求关系失衡，导致职场性别歧视更为公开化、多样化并呈现较为严重的态势。

【招聘中基于性别的歧视尤为严重】

一位正在找工作的女同学小芬接到一个电话，称是某杂志社招聘负责人，小芬很激动，因为已经在人才市场上投了几十份简历了，都没有消息。但是才没说几句话杂志社的工作人员却说："哦。没什么事了，我就想知道你是男的还是女的，简历上没写，那就打扰了。"就这样挂了电话。小芬拿着电话愣愣地发呆，颇为无奈地想原来职场也是"重男轻女"的啊！顿时自信心大减。

女性求职者成为被拒者的情况并不少见。平均每 4 个女性中就有 1 个女性因自己的性别而被用人单位拒绝录用。即使女性成绩明显优于男性而仍然被拒绝录用的现象，在合资、外资企业和行政机关尤为严重。因为用人单位会考虑到女员工未来结婚生子的问题，于是更倾向于招收男性员工。如被聘用有的还被迫签订了"禁婚"、"禁孕"等条款。而在对用人单位是否不愿录用育龄尚未生育的女性进行调查发现，平均每 5 个被调查者就有 1 个表示其所在单位不愿录用育龄尚未生育的女性。

【经批准方可怀孕】

作为女性职场人，最难以忍受的就属怀孕以后被公司施加压力逼迫其主动辞职。因为主动辞职公司就不必负担违约补偿金了，更不必负担孕产期的医疗费用和工资。

这几乎是企业内部普遍存在的潜规则，有些公司的女性员工一旦怀孕还会依照先前与公司的约定主动辞职。一旦不遵守“君子协议”，还会采用种种手段逼迫女员工主动辞职。例如公司制度规定：女职工如果想怀孕，必须先经公司批准，否则难以享受相关福利待遇。而且在孕期、产期、哺乳期“三期”内强迫女性调岗降薪，而“三期”内遭到强迫解雇的情况也占到了11.2%。同时，更有15.0%的被调查者明确表示其所在单位存在男女同工不同酬的现象。

【男女在职场待遇和职场升迁方面差异明显】

职场女性升职难很大因素来源于社会。古往今来，男主外、女主内成了固定的生存法则。女性在家里做家务、带孩子、照顾老人都成了天经地义的事。

虽然当今社会已经给了女性非常大的发展空间，但是，不可否认的是家务和孩子还是直接影响了女性职场升迁的机会。

再者就是，普遍认为女性过于感性、做事犹豫不决，如果升为公司高层，企业的整体发展会因此受到制约。此观念严重影响了女性职场人的事业发展。

【白领准妈妈遭遇职场“保位战”】

33岁的杨帆，是武汉一家中型民营企业的销售经理。进公司六年来，她一直是销售部门的排头兵，每年年终业绩评定都稳坐前两名。自两年前升到销售经理的职位后，杨帆就一门心思把精力放在工作上。

结婚5年一直没要小孩的杨帆，随着工作走上正轨，加上年纪渐长，在今年年初与丈夫商量后，计划年内要个孩子。然而，杨帆没想到的是，自己的生子计划却让上司格外关注。尽管现在怀孕未满4个月，但上司在谈话中暗示，让孕妇和客户谈生意，会给公司带来不良影响，遂让杨帆把手头重要客户分给属下，她坐镇后方指点。

杨帆表示，前任销售经理就是因为怀孕而突然离职，自己当初接手时

也忙乱了好一阵子，"也许，上司出于这方面考虑，想提前把业务分出去，免得重蹈覆辙，但对我来说太不公平了！"杨帆告诉记者，怀孕前她就认真考虑过业务安排的事情，并且制订了一套详细方案，避免影响公司正常销售工作的运行，如今上司这样的做法令她在寒心之余，也担心起自己不在岗位的时候，公司是否会另找他人代替？

职场中的女性就是有这样、那样的身不由己。自身就像一个天平，一边是工作、一边是家庭，秤杆上总是时时刻刻都出现影响平衡的砝码，使自己总处在一个波澜起伏的环境里。

职场自救攻略

职场中两性的平等是现代社会中两性平等的重要表现形式，因为它使个人实现经济独立，是个人发展的前提。在自然的进化与历史长河中并没有任何迹象表明男女之间的关系应该是不平等的，也不能说明女性就必须要处于臣服地位、受控于男性的。

之所以会出现职场性别歧视，与女性的个人素质和工作能力没有必然联系，更多的还是根源于传统的歧视女性的心理和男主外、女主内的性别分工模式，全社会都认为在家相夫教子、生孩子、做家务是妇女的主要任务，埋单的当然是女性了。

水是最柔弱的东西，但是滴水可以穿石。现代女性，就像是水，可柔可刚。对她们而言，这是一个充满机会的时代，也是一个矛盾冲突的时代。

时代的进步，让女性有更多机会可在工作舞台上崭露头角、施展才能。

所以女性如果想突破职场性别歧视，首先自己本身就不能受传统价值观的影响。认为"相夫教子"才是女人的天职，即使工作，也是为了"贴补家用"。偶尔，当职位或薪水高于先生时，也怕会造成先生的压力，间接影响婚姻和谐。如果心中经常充满了矛盾和焦虑，这些负面情绪经常会影响女性在工作及在家庭上的表现，形成一个恶性循环。因此，在职场上找到女性自信、充分发挥女性的潜力，才是避免陷入职场性别歧视危机的第一要务。找到女性自身的优点，并且在职场中加以利用才是上策。

【肯定自己的优势】

第一，从整体上来说，由于社会文化背景、性格特点等诸多原因，男性更多表现出不甘寂寞，跳槽频率高。而女性相对比较现实、易满足，因此在工作中的稳定性较高。而员工的稳定性对企业组织的团队磨合成本、工作效率以及工作业绩所产生的巨大影响不可小觑。企业如果深谙这个道理，就会认同女性的优势。

第二，女性更能够承担重复性高，对耐心、细致和责任心要求都比较高的工作内容。企业入职时的岗位，多数以操作性、事务性岗位为主，要求的就是认真、踏实、细节、孜孜以求，这都是女性的长处之一。

第三，女性更感性，当企业内部管理、沟通产生分歧时，女性会比较好管理，调控、激励手段更多，使用情感关怀、口头鼓励以及小恩小惠的方式就会有不错的效果。

最后，女性比男性更能承受工作上的压力。在工作上遭遇重大压力的时候，男性和女性会面临相同力度的挑战，通常女性的抗压性会更优秀一点。

【看准生育黄金期】

生儿育女始终是女性的天职，也是女性能够获得满足感的重要阶段。“母亲”也是一个神圣而又伟大的职业，所以有些女性为了事业上的风生水起而放弃做母亲的权利是非常不明智的。而且，生育宝宝的时间又不会太长，放弃工作选择生育的物质损失也是有限的，所以，职场女性们，千万不要甘做“绝代”佳人啊！

其实，想降低生育宝宝所带来的职场危机，关键是要选择好正确的生育时期。

一般来说，一个人踏上工作岗位之后的最初 1～3 年，都是职场上的尝试期，许多人都会先后从事不同的工作从而找到合适自己的。

正所谓“三十而立”，从职业生涯规划角度看，职场人开始确认自己真正正确的发展方向的时间也是在 30 岁左右。而女性的最佳生育年龄在 25～28 岁，所以这个时间段正是女性考虑生宝宝的好时机。再者，父母年纪正值壮年，有时间也有精力帮忙照顾宝宝，完全可以在生完宝宝之后，没

有后顾之忧地再次投入工作。

社会的发展离不开男性的努力也离不开女性的付出。作为职场女性，有空间也有能力在职场中自由翱翔。虽然兼有家庭的重任，但这不能说明女性能力就一定低于男性，只能说明女性的更加伟大之处。

世上不存在绝对的劣势，只存在相对的优势。只要换个角度思考，你可以随意玩转事态。

第五节 搭错车 入错行

都说三十六行，行行出状元。虽然都是状元，但有些行业的状元所获得的利益回报，却不如其他行业的普通一员。

入错了行，状元的能力得不到发挥，又对此行业毫无兴趣，很快就会沦落为小兵。选对了行的话，即使开始会遇到些困难，但是志向在此，愿意坚持，又不很计较得失，同样也很快就会在这个行业有所作为，人生也将变得比较充实，这其中的幸福都是因为这个行业适合于你。

如果你在现在的行业完全体会不到幸福感，就必须认真思考一下了：这个行业到底是不是比较适合自己，有没有决心坚持及有没有信心去培养对这个行业的兴趣。假如对这个行业毫无兴趣而又不愿意花时间和精力去培养兴趣，就注定在这个行业是不会有好结果的。

不管你身处哪个行业，都必须在兴趣和生存之间找到平衡点，认真衡量自己的取向和需求，否则，一辈子就只有抱怨和哀叹了！

寻找适合自己的行业，就好比在等公交车。如果你禁不住等待，一时心烦气躁地坐上了接二连三地频频停留在你面前的你本来不想坐的公交车，却错过了真正想坐的，就永远不知道下一站是哪里，搭着错车从此南辕北辙永远无法到达目的地。在职场中，面临众多职业的时候，难免会花了眼、乱了心、受了诱惑，没坚持到底就做了错的选择，入了不适合你的行，结果由此便陷入了一个又一个的职场危机。

在游戏市场上，有家叫“豌豆”的公司增速很快，团队的领导人叫黄加阳。这个“赢在中国”12 强的 80 后，绝对是聪明至极。但是，在豌豆之前，他却花了 6 年时间在网络社区里奋斗，结果一直都是一无所获。就如他自己所言：自己选错了行业方向，导致自己浪费了 6 年的光阴。

不过所幸的是，他及时抽了身，没有继续搭着这辆错车错下去。可能有人会觉得：还好后来成功了，代价也不过是 6 年的时间而已。6 年啊！一个人身在职场的时间有多少？职场中的黄金时间又是多少？人生之中的 6 年又能有多少？

和黄加阳相比较，罗晓就没有那么幸运了。

罗晓从她上班那天开始，就一直心不甘、情不愿。她本来是学服装设计的，当初找工作的时候，由于一家贸易公司待遇比较高，于是放弃了自己的专业，选择了去贸易公司做市场。一段时间以后，由于对市场比较陌生，也没有一定的专业知识做基础，业绩迟迟得不到提高。过高的工作压力使她感到身心疲惫，渐渐地就对工作产生了厌倦心理。

自尊心很强的她又不甘失败，觉得还是自己干点什么比较好。于是联系了几个同学一起做起了服装生意。以为自己是学服装设计的，做服装生意与专业沾边，有优势。可是忽略了销售和设计根本就是两回事。不到半年，生意亏本不算，同学间也因为利益问题闹得不欢而散。无奈，罗晓只好再找地方打工，挣钱还债。于是又换了几个行业，每次都是从零开始。几年下来，什么行业都接触到了，却又一样都不精通，更加搞不清楚自己究竟喜欢什么，适合做什么了。突然又想从事自己擅长的服装设计，可惜现在的她，专业知识忘得差不多了，已经变得相当生疏，再想捡起来已经很难了。结果奋斗了这么多年，还是一事无成。

可见，如果不仔细规划自己的职业生涯，一旦入错了行，得到的只有徒劳和失败。由此可见，不称心的职业最容易消磨人的意志、打击人的自信。使人不能发挥自己的才能，实现自己的价值。

职场自救攻略

你了解你自己吗？

根据性格来选择行业，工作起来总是会得到事半功倍的效果。因为如果较为乐意地投入到工作，对工作有高度的认同，通常能让人发挥己长，就更能胜任工作，同时在工作中也能最大地获得快乐与满足。如此良性循环，可以免于陷入迷茫无措的职场择业危机之中。

管理大师彼得·杜拉克常常自问："我真正想做什么？我为什么要去做？我现在正在做些什么？我为什么这样做？"这一连串问题也正是面临工作选择关键的社会新鲜人应该深思的课题。唯有彻底了解个人的人格特质、能力、工作价值观与工作适性等，才能理清生涯选择的迷惑，展开工作生涯的第一页。

【认清自己的性格比急于提升能力更为重要】

在确定个人所抱持的工作价值观及追求的工作目标之后，可以以此作为追求更美好、更充实人生的动力与踏脚石。日本讲谈社经营总合研究所所长伊藤友八郎拥有多年研究职业适性的背景，他指出，适职＝能力×性格，性格比能力重要。如果性格与工作不合，做了不适合自己的工作，再好的能力也无法发挥。一般职业按性质区分有两大类：

1. 贝壳型：如会计、秘书、操作员、事务员等工作，工作性质属于事务性、片断经验、劳务性、重视细节、琐碎的、刻板的、烦杂的。从事这类工作者特质多为个性保守、被动、注重细节、我行我素、对人际沟通较不关心等。

2. 孔雀型：如行销、公关、业务、广告、门市、柜台工作等，工作性质属于开放的、多变的、主动的、工时长、奖惩分明、薪水视工作能力调整、靠口才吃饭。从事这类工作者特质为重视外表及形象、口才佳、善于说服人、性格开放积极、运作及协调能力佳。

为了避免搭错车，入错行。除了考虑个人性格与职业特性的配合度之外，还要了解工作环境的文化与特性。如：传统型组织是由最高主管作集权式管理，部属只有听命行事，所以拥有传统性格的人较能胜任组织内工作。有的组织由中阶主管掌权，形成各个独立的事业部或利润中心、责任中心。有的组织授权基层单位，有些组织重视部门间相互沟通、协调，由幕僚人员决定组织内的大事。在专业的机构内，工程师、技术人员扮演决策的角色，以其专业知识引导组织的走向。

【转行要趁早】

如果你现在已经搭错了车的话，记得要尽早下车、换车。千万切记不要再继续蹉跎时间了。转行并不可怕，踏出了第一步，艰苦过后就会迎来坦途。不要浪费了三四年的时间，觉得实在混不下去了再去找自己的兴趣能力所在，以至转行的成本大到你无法承担。所以一旦看到了属于自己的那辆车，就果断地换车吧，继续坐下去，说不定下一站就是职场的又一危机之站。

吴军今年29岁了，是一名注册会计师，原为某商贸公司的经理，现为某会计事务所资深注册会计师。自我评价是一个精干、敏感、细腻的人。但是最近却深陷困扰之中，原因是吴军深感现在的工作与自己的能力不相符，处在工作中不能彻底发挥自己潜能的状态。

吴军26岁那年因为兴趣爱好考取了注册会计师。当时是事务所里最年轻的会计师。工作很顺利、生活也很滋润。

后来，有一个朋友推荐他去一家商贸公司做人事经理，因为禁不起高薪的诱惑，而且也很想尝试一下全新的工作，就去了。做经理人的那段时间，让吴军十分的苦闷。困扰他的倒不是繁重的业务，而是内务管理工作。由于个性上的弱点，不善于管理人、支配人，尤其是对待熟悉的人。与同事在一起始终无法把自己放到管理者的位置上。与“管理”他们相比更愿意与他们合作。但是有些人、有些事缺少管理是不行的。每当遇到这方面的问题，吴军总是倍感为难，不知该如何下手，如何掌握，可是真的不会发号施令啊！有些时候，为了避免麻烦，总是不想让他人难堪和为难，只好自己去干工作，这样一来，一方面影响到了正常的工作程序，另外对吴军自己也是沉重的担负。

为此他找了很多管理方面的书籍,企图从中找到出路;也去参加一些管理培训,寻求管理精髓。但是经过几番的努力,却仍然没有什么改变,仍旧缺少领导手段。那段时间总是自问:为什么工作一向优秀的自己在人事管理方面却锐气顿挫。后来明白了,其实还是自己并不适合这份工作,最后还是选择回到老本行,继续做注册会计师。还好,抽身及时,现在吴军又重新找到自信,他依然是年轻有为的会计师。

可见,不怕在职场道路上出现偏差,就怕发现走错路之后不能及时拐回来。孰能无过呢?重要的是“知错就改,善莫大焉”,再加上一点:还得要及时。

想知道自己现在是否搭错了车,入错了行,方法很简单。只要感觉在每个即将上班的周末夜晚是否心浮气躁、上班时盯着老板的时间是否比专注自己工作的时间更长、是否总留意着时间就可以基本断定了。

第二章 降薪裁员大趋势

身为一个职场人最怕的是什么？答案有二：一是降薪；二是被裁。谁能说自己不是这片经济浪潮中的一朵小小的浪花，进退、方向可以自己掌控？别说是刚入职场的新人，就是久居职场的精英老将们也同样会在大趋势的面前感到有些无可奈何。

第一节 遭遇降薪 防不胜防

我们为了什么去辛苦地工作？小心翼翼地在职场这条路上投石问路，就怕掉进隐藏在暗中的危机之中。有时会安度险情，有时也会弄得头破血流。这其中的原因一部分是为了学有所用，实现自己的社会价值，使自己活得充实；另一部分就是不可免俗地试图在努力工作中获得相应理想的收入，过上高品质的生活。

薪水是辛勤耕种后结出的果实。虽说种瓜得瓜、种豆得豆，但是在职场这片土地上有时候也并非如此。有些外因是职场人无力控制、支配的。能做的也只能是随波逐流、顺其自然。毕竟我们每个人只是一朵朵小浪花，控制不了大海的整体走向。进入职场，除了享受阳光明媚的好天气还得随时做好遭遇狂风暴雨的准备。职场上现在正在遭受的险情就是：今天，你降了吗？这也几乎成了职场人的新口头禅。

蒋小姐之前是一家能源公司的行政主管，前段时间公司突然宣布：公司运营困难，暂时撤销所有一线行政岗位，行政主管可以留任。但是工资需要下调至普通行政人员工资，同意的可以签订协议，不同意的可以自行走人，公司按裁员标准补偿。

蒋小姐虽然没有被裁员，但是降薪实实在在地打击到了她。虽然自己之前的工资也不是很高，但是至少还是可以满足生活的基本开销。现在按普通行政人员工资发放，那么等于是一个月拿 1800 元，交完社保后，基本上就是以前一半不到的工资。因为自己刚生完小孩，房贷以及孩子的抚养费都是很大的开支，只靠自己的先生来承担，压力也很大。降薪后，生活肯定很难过，但是想走的话，现在这样不景气的大环境下，谈何容易？也只能继续熬着，毕竟降薪要比被裁好了一点点。

日前，李新也遇到了同样的困扰。一天老板一反严肃满面笑容地让李新到他的办公室一趟，让李新知道肯定会有什么大事要发生。别的公司又降薪又裁员的也早有耳闻，今天也要落到我的头上了吗？

老板并没有找什么借口，很直接地说："对不起！从下个月开始你的月薪下调2000元，如果你无法接受，可以重新考虑你的发展机会。"

李新还能考虑什么呢？整个市场都是一个情况。要考虑什么的话也只能是：怎样才能让自己的表情自然一些，表现得并未被老板的"客气"所伤害。早就做了心理准备，因为在和自己同样属于白领的朋友中，遭遇降薪，再加上她已经是第五个了。

李新不止一次听说和亲眼目睹过人才过剩现状，国外回来的博士连找几个月的工作都找不到的话题也不再是新闻了。

遭遇降薪，拒绝或者顺服？对所有像李新这样被搁在公司一盘棋上的棋子来说，似乎也只有这么一个选择。而且不管你今天在公司里的位置多么重要，降薪之后，不要以为你的工作会减少，相反还有可能更多。

值得庆幸的是：现代的白领同志们，在遭遇降薪这样的挫折的时候，基本上都能修炼到心中波涛汹涌、脸上笑纹不动的水平。

他们得为了维持买房的贷款，习惯的消费方式而学会在心理上先平衡自己。就如李新遭遇降薪危机之后依然"愉快"地回到工作岗位上勤奋工作一样。

虽然在心理上用这种阿Q的方式麻木了自己，那么现实中面对降薪我们又能做些什么呢？

职场自救攻略

那么在如此严峻的环境下，是否降薪了就自认倒霉，原地不动最安全呢？其实不然。

不管我们对抗危机时能做什么，至少在做之前都应该仔细分析一下。公司又裁员又降薪，未裁员到你，而对你采取了降薪的做法，那么说明公司对你的工作成绩还是基本认可的。处在这样的情况下，对于走还是留的问题，职场人应该主要考虑这么几个因素：

一、这个工作是否是自己适合的？包括行业岗位以及企业平台各个因素。

二、公司所处的行业背景以及发展趋势如何？

三、自身在公司的发展空间如何？

四、降薪后，是否造成自己以及家庭的生活困难？

五、留的话，后面的路应该怎么走才能更好地发展？走的话，自己是否有竞争力去更好的去处？那么自己的竞争力在哪里？这个平台到底在什么位置？自己应该怎么切入？

留的话，接下来的事很好做，静观其变，继续做好自己的事就好。

走的话，就要考虑该怎么走了，不二选择就是"骑驴找马"，马上离职是非常不明智的。而是先要确定好下一步适合自身的，关键是能够切入进去的，又要有发展的工作平台，以及对其进行全程跟踪，确保能骑上更适合自己的"马"，以至把风险压到最低。

在全球经济危机下，企业或者个人都有着不同情况的困难，可能企业还比个人承受着更大的危机，导致减薪裁员狂潮一波接着一波更为疯狂。作为职场人，不管选择怎样应对，首先都要切忌冲动，也不能原地不动，不管走还是留，都需要根据自身实际情况综合考量，才能作出正确选择。

【白领人士成功加薪的辅助器】

一位CEO曾经讲了一个故事，是关于一名销售人员向她要求加薪的。她问那名员工："为什么你应该得到一份更高的薪水呢？"

"因为今年我得到的薪水比去年还要少。"这名销售人员解释道。

"那是因为你今年的销售业绩不如去年。"这位CEO回答道。

"我知道。所以我想让您帮帮我。"这名销售人员说。

不用这位CEO说出答案，我们也能想到是否会给这个销售人员加薪。很显然，他在提出加薪之前并没有做一些必要的准备，比如要求加薪的筹码、提出加薪的方式，以及对公司目前的总体状况都没有做仔细的分析。

那么，身为职场人到底应该在什么情况下才能提出加薪呢？提出之前又要做哪些准备呢？

【确定要求加薪的底气】

上面例子中的那名销售人员就根本没有底气。刚刚遭遇了一个失败的销售年度或者季度，并不是去老板那里验证你的价值的好时候。

【选择一个好的时机】

除非你在这家公司已经工作一年或者更长时间，否则千万不要想去要求加薪。只有当你与一定数量的顾客群体建立了固定联系，并且能够通过他们来增加销售和提升业绩之后，你对于公司才算比较有价值。

【让老板知道你乐于为公司做更多的事情】

作为一名销售人员，你既有一份工作，也有一个自己的角色。你的工作是销售并且完成自己的配额。你的角色就是帮助指导新的销售人员并且成为团队的一份子。

你的角色意味着你应该在销售会议上帮助支持你的老板，而不是当公司新的任务下来的时候，眼睛转来转去，哀叹连天，更不能向你的客户承诺一些生产商并不能提供的服务。老板们总是拼命留住那些态度积极的销售员，同时找机会炒掉那些心存不满的销售人员。

【让加薪对于你和你的老板来说成为一个双赢的局面】

要求加薪就好像争取一份订单。演练好你的陈述，像为一名重要客户准备介绍演讲那样为这次会面做好准备，用你出色业绩的事实和数字来武装自己，把加薪定位成一件对于公司有利的事情。最后，确定你的老板认为你是一个成功者，而不是一名哀诉者。

值得注意的是如果员工想提加薪，最好在比较轻松的环境里，用开玩笑式的语气直接说明要求。轻松的环境可以使你和老板像朋友一样的交谈。当然提出加薪，开口的方法有很多种，但成功的前提都是工作做得好，有实力，这样才更有底气提加薪，要求也更有可能得到满足。

成功加薪的关键点还在于职场人的主动上。它就像幸福一样，你不去找它，它是不会找你的。只要握有一定的筹码选择对了时机实现加薪并不是难事。只怕有些职场人总是碍于脸面不好意思向老板开口。唯一得到的是：老板更加舍不得你走了。

第二节 房奴、卡奴众生相

不知不觉中，城市中出现了这么一个特殊的群体：他们穿着光鲜靓丽，每天出入中高档写字楼，每个月有着稳定且不菲的收入；风光无比的表面下却兼任着一个或几个债务人的身份，每月都必须定时向几个固定的“债主”支付一笔笔数额大小不等的账单，人们将这群白领视为现代经济社会的另类“奴隶”，简称“白奴”，这其中包括了房奴、卡奴、车奴，甚至孩奴、妻奴等等。

他们也许刚出学校大门，父母精力充沛无须照顾，无家室就更没有妻儿需要挂心；他们挣得不少，花得更多；他们也许挣得不多，但挣多少花多少。享受生活是他们的生活理念、超前消费是前卫观念。他们是谁？他们不但是职场人，献身于职场；更是房奴、车奴、卡奴，献身于消费市场。

【卡奴】

小敏在一家私人公司上班，虽然不是会计，但每月都要算一算自己花费所造成的一笔糊涂账。“这个月和姐妹们逛了几次街，买了点化妆品，其他的想不起来买什么了，不知怎么的工资就全花完了”。

一个月收入有2000多元，但是至今没有积蓄，小敏为了平时买东西方便特意办了几张信用卡，埋单时是潇洒了，但接到银行的催款单时，却感到心有余而力不足，不得已还要找父母“支援”。

许多年轻人都是银行信用卡推销的主力对象，一些积分换礼或有奖促销活动对他们很有吸引力，再者，他们的冲动购物和攀比心态也比较强。

【房奴】

一些进入适婚年龄的人群，为了结婚买房甘当“房奴”。在一家事业单位工作的张先生准备买了房就结婚，双方父母都打算援助他买婚房，这样可留下一份房产。“要结婚肯定得先买房呀。”张先生说。尽管每月不低的还贷数额让他感到生活压力陡增，但他仍希望拥有自己的房产。

阿红去年11月买的房，拿到房产证的当天，阿红如释重负：我终于不需要再租房了，我终于迈进有房一族了，我终于是房子的主人了。

然而，月供1715元的房贷让阿红气喘吁吁，承受着“一天不工作，就会被世界抛弃”的精神重压，不敢娱乐不敢生病，除了买书以外不敢高消费。各种心酸不足为外人道也，至此阿红终于发现，她其实不是风光八面的房主，而是货真价实的“房奴”。

阿红常常想，要是不买房，节省下来的钱足以使生活质量提升一个档次；要是不买房，节省下来的钱也足以让远游的自己多一份孝敬父母的心意；要是不买房，自己也势必活得更有尊严，不必承受许多原本不该有的精神重压。自己拥有了房子，却失去了幸福；自己得到了房子同时也得到了压力，这真是一种悖论。有时，阿红不免这样问自己：买房难道是一种美丽的错误吗？特别是对于这种中等收入水平的人而言。但转念一想，要是不买房会怎么样呢？那就要持续租房。

买了房子是“房奴”，不买房子是流浪一族。平衡两者之间的鸿沟，也许只能企盼房价下跌。但是，寄希望于开发商降价是与虎谋皮，单纯的房市调控又有沦为“空调”的嫌疑。时代又给他们扣上了一顶新的帽子：只能痛并快乐着的新贫族。

个体的缩影反映出的是“奴隶”一族生活的劳苦不堪。说到底，能把他们逼到这个地步的，不全是竞争激烈的社会现状，而是他们没能好好规划自己的人生、事业，终日迷迷糊糊地过日子，随波逐流地选择并不适合自己的消费方式，以至把自己逼进了“奴隶”的位置。

想要摆脱这种束缚，唯有对自己的人生合理规划，摆正心态，清楚地认识到自己的人生目标，这样才可以成为一个掌握自己命运的人。

职场自救攻略

【新贫族的脱贫计划】

如今的职场高收入者并没有让自己卡里数字多起来，因为他们用过高质量的生活消费抵消了高收入，为了享受前沿消费品，心甘情愿地“沦落”为新贫一族。如果期望能彻底“脱贫”摆脱这种扭曲的消费观念，就需要让自己的薪水合理利用，踏踏实实地做个职场“财”人才是硬道理。

职场人有个“小金库”还真不容易，更多的职场人坦言：谈什么小金库，够花都不错了。

有些人认为造成这种月光现象的原因是薪水不够高，但有人工资待遇都不及他，却还是每月能固定攒下一笔钱又作何解释？究其根源还是由于新贫族的消费缺乏计划性，平常光鲜亮丽，挥金如土，想怎么潇洒就怎么潇洒。一旦遇到需要花大钱的时候，他们往往会急得团团转。才开始反思：钱呢？都上哪去了？

怎样才能改变这种毫无积蓄的处境呢？可以试试以下几招：

【量入为出，掌握资金状况】

单身一族首先应建立理财档案，对一个月的收入和支出情况进行记录，看看钱到底流向了何处。然后可对开销情况进行分析，哪些是必不可少的开支，哪些是可有可无的开支，哪些是不该有的开支。逐渐地控制自己消费欲望，特别要逐月减少“可有可无”以及“不该有”的消费。

【强制储蓄，逐渐积累】

如果实在没有储蓄观念，可以把提醒储蓄的字样贴放在家里随处可见的地方。到银行开立一个零存整取账户，每月发了工资后，都要存入一张一年期的定期存单，一年下来可积攒 12 张存单。强制储蓄可以使你改掉乱花钱的习惯，从而不断积累个人资产。

【主动投资，一举三得】

如果当地的住房价值适中，房产具有一定增值潜力，可以办理按揭贷款，购买一套商品房或二手房，这样每月的工资首先要偿还贷款本息，减少了可支配资金，不但能改变乱花钱的坏习惯，节省了租房的开支，还可以享受房产升值带来的收益。

【自己动手，丰衣足食】

吃快餐、吃饭店是一些单身族的习惯，可这样的开支有时能占到月收入的 1/3。建议单身族购置必备的炊事用具，下班时顺便买点喜欢的青菜或半成品食物进行加工，既省钱，又练了手艺。

【慎用信用卡消费】

对花钱无度的单身族来说，使用信用卡需要慎重。信用卡是无现金交易，买再多的东西，轻轻一刷卡就完了，这种潇洒往往掩盖了过度消费；另外，贷记卡的透支功能也要慎用，千万不能使透支成为一种习惯，不但攒不下钱，而且成了“负翁”，这就更得不偿失了。

【抵制各种优惠促销诱惑】

商家促销可谓花样迭出，买一送一、五折优惠、积分贵宾卡等越来越煽情的诱惑使不少年轻人患上了“超市狂买症”，特别是许多精于算计的女性，生怕错过优惠的时机，往往不看自己的需求，不衡量购物的综合成本。所以，单身一族过量消费之前应当考虑：大量购物而换来的贵宾卡到底是省了钱还是浪费了钱?

职场人想长久处于富裕状态，不妨考虑富口袋之前不如先富脑袋。攒钱虽为积累财富的不二法则，但挣钱更为重要。彻底摆脱“双隶”生活，关键还在于凭借自己的真才实学去换取高收入的财富。这才是短期投资长期受益的真理。

在金钱上要永远给自己留条后路，虽然不能说金钱是万能的，但大多数人都不能免俗。古人云：君子不役于物。你是金钱的主人，所以，管好自己的账单，克制消费的冲动，你才能免于沦为它的奴隶。

第三节 无奈的无薪假期

假如你正在为忙碌的工作搞得焦头烂额时突然接到了朋友从三亚的电话,或许西藏、西双版纳等各个旅游胜地,正在海滩惬意地享受着阳光、沙滩。请不要羡慕,继续你的工作吧——也许,他们遭遇了职场危机的又一次降临:无薪假期。

假如你周围忙碌的朋友突然闲了下来，花钱也不像以前大手大脚了。请不要惊诧——也许,他目前的工作状态是:无薪假期。

假如某一天领导毫无预兆地把你叫到了办公室，告诉你公司运营困难,你必须在家休息一段时间(没有工资),那么,你应该立刻明白:你的确迎来了你的又一个职场危机——无薪假期。

现在这样的假如已经变成令人触手可及的现实。

小波毕业后就应聘到一家网络公司做系统维护员,和另外两名同事一起负责全公司数百台电脑的硬件和软件的维护工作。这并不是件轻松的活,同事们称小波为救火队员——谁的电脑出了问题,都会找他。每天的上班时间常常超过十个小时,每个月拿到3600多元的薪水。刚刚毕业的时候还感觉良好,一人吃饱全家不饿,过着黄金单身汉的日子。

好日子因经济危机的到来而被迫停止,受全球市场低迷影响,小波所在的公司也未能幸免,为达到节约成本之目的,公司决定开始无薪轮休制度,并且谨请同人对公司的决定给予理解、共克时艰。员工们虽然得到了休息的机会,却直接影响了正常收入,算来算去还是得不偿失。

小波由于收入减少,为了节省开支,不得不每天都到父母家里蹭饭吃,因为前两年买了房,现在收入大减,除去日常开销,实在没有余钱去应付房贷了。所以月底还得向两老伸手请求支援还房贷，名副其实地成功挤入啃老一族。

正在和同事轮流“享受”无薪假期的小波一点也想不起以前上班的时候是多么的繁忙，假期前几天还能感受到一些不用上班的新奇感，没过几天就想去上班了。连他的MSN上的签名都改成了这样一句话：“上班族最痛苦的事就是下班时间到了还没干完活，但比这更痛苦的是，还没下班就没活可干了！”

尽管自认为技术水平不错，但已经走入职场危机的小波至今也没有辞职走人的念头，“现在竞争压力太大，如果随便跳槽的话，说不定下一个工作更差”，也上网浏览了一些相关行业的招聘广告，并带着试试看的心理发出了几封应聘简历。不久，得到了一家IT公司的回应，但这个看起来幸运的经历却让他很不爽——对方在电话里直接告诉他有七十多人在应聘同一职位，并要求他简短地说出自己有什么优势能从中胜出，“这还只是面试的第一轮”。最终，小波打算继续待在原公司，“现在工作不好找，有机会的时候再说吧”。他甚至还为自己现在的处境暗自庆幸，比起直接被裁回家，无薪轮岗至少还有被轮到的时候。

无薪假期要休到何年何月？还会让我上班吗？就怕哪天接到公司的解聘通知。有法律意识比较强的职场人，想用法律维护自己的上班的权利。可企业为了避免触犯法律，很多都是事先跟员工讲明缘由，然后鼓励员工申请无薪假期的。因为就业形式的窘状，很多员工都退而求其次地想：无薪休假也总比裁员要好得多，员工也就申请了这项休假，选择与公司共渡难关，自觉进入这个无薪假期的职场危机。不得不逼着自己为生活减速！

职场自救攻略

【居安思危　培养忧患意识】

如今，经济越来越发达了，世界变得越来越小，物质生活空前繁荣的同时，职场的竞争也越发激烈，危机也离我们越来越近，它潜伏在你看不见的地方，比三月的天气还要多变，你也许经历过求职、就业的过程，也已经度过了职场的某些危机，可还是摸不透它什么时候还会再上演一次，每一次

都带来了不同的内容。处理一个个职场危机就像排雷一样，你不知道它在哪？也许下一刻就踩上了，所以身在职场培养一定的危机意识是非常必要的。

温水煮青蛙的故事很值得职场人士好好结合自己的职场经历思考一下。故事说一只青蛙放到滚烫的热水里，它会迅疾地跳出来。可是一旦将它放进温水里，再用小火无声无响地慢慢升高温度，结果是直到被煮熟了，青蛙就都没有跳出来改变它悲惨的命运。

职场就如这锅水，职场人就如那只青蛙，而那不断上升的温度就是一个个潜伏在平静之后的职场危机。也可以把它当作“无薪假期”。如果一开始就知道这锅水将逐渐变沸，也许早早就能做好准备，在危机来临之前为自己安排好安身之地。但是，现实中的职场在出现危机之前是没有过于明显的信号的，有的话也是微弱的。所以一个人如果总是依赖于舒适的现状而失去忧患意识，不居安思危，就很容易使自己陷入职场危机的“沼泽”。

【未雨绸缪找工作】

不管是生活还是工作，不管是将要遭遇危机还是已经遭遇，坐以待毙永远不是什么良方。

张先生是一家服装厂的人力资源副经理，从金融危机开始，他经历了两次无薪休假，一次是今年年初，每月休 5 天，工资减少四分之一。那段时间，全公司实行无薪休假，上四休三，从最基层的车间工人，到高层的部门领导，都未能幸免。

第二次是从 8 月份开始，服装产业进入淡季，无薪休假也好像成为默认的潜规则，可这次，张先生觉得不能再这样耗下去了，房子要供，孩子要养，他必须换一份能挣钱的工作。在这家企业待了 4 年，也曾有跳槽的冲动，现在刚好是一个契机。

于是在休假的日子里，张先生泡求职网站，跑人才市场，寻找心仪的企业，经过两个月的努力，最终在同行的推荐下进入一家比较规范的大企业，也算是提早结束了无薪休假。个人的力量虽然微小，有时也能发挥不可思议的作用。

【别闲着　做兼职】

如果觉得自己在这家公司还是有发展机会的，而且公司也有实力渡过这次的难关，那么就静心服从上级的安排，安心享受假期。但毕竟这假期还是无薪，饭总是要吃的。这时候，利用假期做些兼职还是比较实际的。

9月份，当老板宣布无薪轮休这个消息时，沈欣的头嗡的一下就大了，她刚跳槽到这家广告公司，上班不到一个月，就遇到这倒霉事。

沈欣决定利用这段时间赚点外快，于是，在休假第二天便联系到了大学时期的导师，能不能介绍几个教韩国人中文的家教工作，因为沈欣大学期间就是韩语专业，在校期间也做过，有一定的经验。而且，工资虽然不能和正常上班比，但也相当客观，应付休假这段时间的生活绰绰有余。还能提高自己的韩语水平。两周后，公司接了一个大单，又回去上班了。

【把平时没机会做的事做了】

繁忙的女性白领们在竞争激烈的职场中，为了站稳脚跟，出于无奈违背了自己的不少意愿。有很多事没时间也没有机会去做。就像30岁的程小姐，在著名的外企工作，压力一直很大，虽然结婚多年但一直不敢怀孕。怕因为生孩子而耽误了工作。这次无薪假期对职场人来说是个不小的打击，可程小姐看到了它带来的好处，决定把握这个机会生个小宝宝。所以主动向公司提出延长休假时间。虽然工资少了一些，但老公能养家，也没什么后顾之忧。等到公司步入常态，她也已经休完产假。

事实证明，只要积极应对，危机也不是那么难以应付。

做该做的事，同时也别忘了享受眼前的，假期不是繁忙的白领们期待已久的吗？趁着这个时间，何不把你在职场中的情绪重新调整一下，加好油继续备战职场。

第四节　加班潜规则

改革开放以来，中国经济获得了突飞猛进的发展，随之而来的是中国人的工作时间也越来越长。《环球时报》报道，中国已成为全球工作时间最长的国家之一，人均劳动时间超过了日本和韩国。加班成了太多职场人的家常便饭，而“无薪加班”已然成为职场中普遍存在的“生存方式”。

无薪加班，工资不涨，名副其实的加班机器。衣着亮丽、风采卓越，出入高档写字楼，穿梭于机场码头，看似光鲜外表的背后，又有着怎样的心酸。高强度的工作、无休止的加班；耗费着青春、透支着健康、无暇顾及家庭、冷落爱情……职场危机下，再多的付出如今也换不回更多的回报。即使为公司创造了利润，工资也仍不见水涨船高。无可奈何地被卷入加班潜规则之中。

据调查：加班族中七成左右为私企中的80后，国企加班较少。加班人群中60%的人“经常加班”，10%的人“偶尔加班”。加班者中月平均加班超过20个小时的多达65%，80%的加班者表示自己属于被动加班，即工作完不成只能加班，也有上级临时派发下来的工作赶时间；20%的人则是主动加班，即领导没有明确加班要求且在完成工作的情况下自愿加班，没办法，竞争激烈，裁员、轮休的数不胜数，为不遭此厄运，只能努力表现。

某高新技术企业的老板表示：他本能地喜欢主动加班的员工，因为“这样的员工够敬业”。如果遇到经济不景气，公司需要裁员的时候，那些“不敬业”的员工，是他首先考虑淘汰的对象。“现在最不缺的就是人。”所以你不加，有的是人来加。

在这种偏激的企业文化中，职场中的你、我、他，有时谁不是名副其实的公司“义工”。而这种能量的非正常损耗又势必透支着职场人的精力、体力，伴随着血压升高、肠胃不适、全身酸痛、眼睛干涩、脊椎疼痛、心情烦躁等生理及心理加班并发症，更有甚者出现了“过劳死”。

小南是做编辑工作的，到了月末急着赶稿子，经常每天加班4到5个小时。为了多挣些生活费也接了不少私活补贴家用。久而久之，她发现自己变得异常暴躁，遇到不顺心的事情就开始发脾气，致使家人、朋友、同事都有意远离她，连她的女儿都特别怕她，因为女儿一旦犯了小错，就会惹来小南的大骂。小南也觉得自己变化太大了，过去那个温柔的自己去哪了呢？通过心理咨询师的帮助才知道自己的坏脾气是由于长时间休息不够、总处于紧张状态，再加上吃饭不按时按量，营养不足造成的。可是，也没有办法啊，总不能工作不要在家闲待着吧。

无薪加班令职场人怨声载道，承受不住过大工作强度奋起反抗也实属无奈。轰动一时的EMC“邮件门”事件，导火索正是加班。已经是下班时间，老板回到公司想继续处理一些事情，发现没带钥匙。而秘书已经下班回家了。老板就联系秘书要她来开门并要求她继续留在公司加班，但未能联系上。于是，数小时后，老板发了封邮件批评秘书，秘书看见邮件后觉得自己并没有什么大错，为老板留守开门并不属于严格范畴内的工作内容，于是以一封措辞强硬的邮件回复，并同时转发给了其他同事，由此也荣获“史上最牛女秘书”的称号。事件的结局是秘书辞职并且久久找不到新工作，老板也在不久后离职。

由此可见无薪加班可怕，但如果不妥善处理好加班问题，后果会更可怕！

职场自救攻略

正在忍受无薪加班的职场人很多，在争取自己权利时和公司产生意见分歧也很常见。维护劳动者应有的权利是应该的，但还是应该避免酿成无法收拾的局面为好。就像“邮件门”的女秘书，为了一时之气，却错过了一份工作，也给自己以后的求职道路留下了不良影响，就有点得不偿失了。所以不论是公司还是个人更应该采取一些比较温和的、妥善的处理办法。比如

老板不要强求秘书加班，或是秘书能青稞得更配合一些。不能只强调个人的需要与感受，更需要成员之间的理解与支持。职场毕竟是个大舞台，没有人可以置身事外唱独角戏。

【拒绝加班的玉语金言】

◆对人力资源部——这些事我在工作效率高的时候半小时就可以处理好，为什么非要浪费大家的四个小时呢？

◆对关系比较亲密的上司——亲爱的老板，你不想出席我的过劳死葬礼吧？

◆对拖整个团队后腿的同事——我觉得等你赶上正常进程，再一起推进会比较好，你觉得呢？

【玩转“边际效益”】

知道比尔·盖茨和太太的婚姻是如何成就的吗？这要感谢加班。梅琳达女士在婚前是个工作狂，而且她的办公桌就在比尔办公室的斜对面。深夜，当比尔从电脑前偶尔抬起那智慧的脑袋时，他随时能够看见窗前还有温暖的灯光在陪伴着自己。终于有一次，他忍不住迈出了脚步，去认识那个引起了他莫大兴趣的加班达人。

提到这个，并非倡导通过加班解决大龄单身女性的婚姻问题，而是开拓思路，既然加班的命运无法改变，不如想想加班还能有哪些“新花样”，通过加班，又能获得哪些除加班费之外的丰厚回报？

经济学上有所谓的边际效益递减，即每增加一个同样的单位，所带来的满足感会逐渐减少。对于你的上司来说也存在这种现象。

第一次看到你努力加班到晚间十点时，他会大力夸奖，但随着时间的推移，当他第一百零一次看你加班时，他可能已经视若无睹了。所以，改变一成不变的固定形式，来点创意，是加班人士应该考虑的。比起一周六天在办公桌上埋头苦干来，何不抽出两天时间跑跑外勤？把了解到的最新资讯分享给同事上司，一定会给众人留下深刻印象，也可以告诉他们：这是我花了一整个周日了解到的情况。所以，如果你的工作需要经常加班，请让你辛勤工作的“边际效益”同样保值。

人的一生实在短暂，除了工作我们还有太多的事情要去探索、尝试。千万不要让无薪加班占据了所有心神。没有时间、没有精力，也还是要为自己拓展更为广泛的视野。从现在开始，已经陷入职场危机的人、马上就要陷入的人，还有正在时刻提防陷入危机的人们啊，无论如何也要给自己制定最起码的两个目标：

【积极】

每天无论在工作中遇到什么问题，要调整到一种积极的思维状态！

当别人耗我的时间的时候，我可以自己选择积极地应对：比如挤出时间去关注一些自己兴趣所在的事情，比如可以在这样的时候记记单词，甚至可以浏览一下娱乐、时政新闻……

每天，对自己的生命负责！不抱怨，也不逃避！

【微笑】

每天早上起来，每天照镜子的时候，做一个最自信美丽的微笑！

要记住，无论发生什么，都有解决的办法！即使暂时解决不了，也绝对不是世界末日的时候，即使到了世界末日，也该笑着面对——哈，全球的人有同样的经历，几乎是千载难逢的。

若是自己都不相信自己，还有什么资格和勇气让其他人，让这个世界接受自己呢？要求上可以对自己更严格一些，但是不能虐待自己，尤其是自己的精神。

如果因为没有完成本要完成的工作而加班，那么就在自己身上找原因吧！把自己的时间与工作量合理地分配一下，今日事今日毕的人是最有魅力的。

第五节　职场人的死穴——裁员

职业发展、绩效发展计划、生涯规划……这些关于计划的管理名词听来都不错，然而职场并不总是会按照你自己的意志发展的。有些职场中的突发状况就好像想象力最丰富的幻想家的奇思妙想说不定哪时就冒出来。而在公司这个名利场里，裁员与被裁就是这样，别说时不时地冒出来了，它们几乎成了一件司空见惯的事，跟生老病死一样变得平常，所以做好准备才是上策。常在职场漂，哪有不被裁的，话是这样说，但对作为当事人的员工来说，被裁的滋味的确很让人难受。

不要以为自己在公司的地位是独一无二的，幻想被裁是与自己绝缘的。在现在的职场中，这种想法太不现实了，没有人是不可替代的！它和地球离了谁都一样公转自转的理论一样成了铁一般的事实。

也不要以为努力工作就是保住工作的不二法门，恰恰因为"政治立场"不稳被炒的几率要大大高于绩效不好的，前者可能还是后者的好几倍。

受全球经济低迷的大环境影响，中国的上班族的前景也同样不容乐观。据相关统计：截至2010年3月，中国全国城镇失业人口达两亿人。

丢掉"饭碗"的危机已经成为所有职场人共同的危机，公司老总和高层们为什么要这么残酷呢？

原因再简单不过，不得不残酷。在经济危机的背景下，一个企业所要面对的危机，远比一个职员面对的危机要残酷得多。世界500强企业每过10年，就会有1/3的企业从这个名单上消失。所以职场人士们都敲响自己的那个警钟吧！冰天雪地，御寒最重要呀！

企业难渡寒冬导致员工丢饭碗，只是裁员原因的一部分，有时候更多的是直接源于职场政治的迫害。不要以为努力工作就是保住工作的不二法门,想稳住脚跟不但要研究工作更要研究人心。

得罪上司、人际关系不好受同事排挤,尤其是新官上任后出于对自己以后职业安全的考虑都喜欢用“理念相同的人”,这些因素都会引起裁员。

当然也不能排除因为自身能力问题而丢掉饭碗的。

24小时走人,补偿一个月工资,这几乎是所有被裁员工的真实生活写照。“成为被裁员工的确不是一件光彩的事情,现在想起来,真像是一场梦。”说这话时,林岚的脸上一片麻木。

几个月前,在没有任何预兆的情况下,公司裁掉了20多名员工,林岚就是其中一名。她从2004年就进入了这家公司任网站编辑,一直到设计部副总监,本来以为依照公司的目前情况,在不景气的环境下也能勉强度日,以后发展壮大应该是迟早的事。没想到还是被裁了。林岚对公司的做法不但诧异,而且还倍感受挫,“说实话,当时真的蒙了,感觉就像知道自己在梦里,就想着赶紧醒来。不是我的错,但真的没工作了。”

“记得公司裁员前一天,部门里还开过会,目的是稳定人心;第二天却被告知,上头决定,不打算发展我们部门了,所以只能请我们这些‘能力非常强,出去一定能找到好工作’的人离开。临走那天,被裁员的人都可以领一个印着公司字样的纸袋,装上自己的物品带走。我一个都没用。都不是公司的人了,拿那个算什么。”

现在,林岚就渴求一份安逸、稳定的工作,“不求高薪水,只要公司不再裁员。”

还坐在办公室的职场人,现在就算有时间也不是忙着了解股市行情、种菜淘宝了。居安思危地开始关注起各自的前途问题了,谁知道下一个被裁的不是我?

职场自救攻略

也许你所在的公司还没有上演裁员的戏码,也没有要上演的苗头,那就太好了。因为你有充足的时间来武装自己,为自己免于被裁做好一切准备。

【向核心业务靠拢】

电影《杜拉拉升职记》中阐述了职场人士在外企的生存法则，其中有一条就是要向核心业务靠拢。企业的行业不同，其核心业务环节也不同，有的是销售环节，有的是市场策划环节，有的是研发环节，有的是生产环节……

想要掌握职场不倒最关键的资本，就要抓住公司中最重要、最受重视的核心业务。除非企业整体全部坍塌，否则，即使裁员，你也不是公司高层们要最先考虑的。原因是，公司的核心业务线拥有着最多的资源和最大的权威。依附在这样的核心业务线上发展，最起码不至于被边缘化，还会受到上级的重视而成为关键人物。千万不要成为职场中的穷忙族，整天忙来忙去，却没有人注意到你。这种默默无闻的类型即使有真才实学，如果遇到裁员，也是挨第一刀。

进入职场之后，别忙着蒙头就干，不妨先理清公司的状况以此来确认自己使劲的方向，努力靠近核心业务，加上理性、专业、认真的职场形象，才能给上司留下一个别样的印象，进而认可你、信任你。博得了上司的器重才能更好地远离职场危机。

【积累广泛的人脉关系】

即使是毫无预兆的裁员，也必定是公司领导一级仔细讨论过的。在危机到来之前，消息的收集是非常重要的，消息的收集来源人，平时人脉的积累在这时就大显神威了，尤其是和比自己级别高的领导阶层的关系好坏，在此作用的显示就更为重要。就算改变不了最终定势，也好早作打算。也说不定谁的一两句话就能让你险渡裁员危机。

戴尔·卡耐基说：专业知识在一个人成功中的作用只占 15%，而其余的85%则取决于人际关系。

良好的人际关系及其运用是现代人功成名就的第一法宝。人脉资源也被认为是一种潜在的无形资本、一种潜在财富，离开它的推助，任何人都无法在职场上一帆风顺地成就一番事业。

【居安思危】

古语云：生于忧患，死于安乐。

即使你在职场上占尽了优势，也不要迷惑自己以后永远不会陷入危机中，谁也揣测不了以后会发生什么。不如在自己有能力时为自己做好一切打算。兔子还有三窟呢，我们更要为自己留一手。而且，如果长时间处于顺风顺水的安逸状态，勇气、意志、雄心都会被安乐在不知不觉中磨平，遇到突发状况就无法作出及时的反应，到后来还是不免陷入“裁员门”。

有许多人因为变故陷入危机，他们陷入危机有时并不是因为自身的欠缺，而是在稳定的职场现状上待久了，忘却了处理危机的本能。

【肯定自己的价值　再造进取精神】

作为已经遭遇裁员的职场人来说，又该做些什么呢？

记住，被公司放弃，不完全是因为你自身的能力问题，还有许多是控制不了的因素导致我们被裁。不能因为手指上挨了一刀就把自己的整个手指给割掉。人的一生有太多的大起大落，更别说是职场了。因为一时的失意而否定以后的一切就太得不偿失了，跌倒了不能就此趴在那，得爬起来。

职场的竞争就像一场马拉松，最后跑到前头的人才是胜利者，即使中途被落到后面，也要保持拥有一颗积极乐观的进取心，先超越自我，再超越别人。拥有这种心态，不管你以前输赢与否，今后你一定会取得成功。

不要惧怕职场危机，哪怕掉进过一次，也不要彻底产生畏惧。爬出来了，才能向下一个成功迈进。

【不应盲从地尽早再就业】

如果可能的话，被裁掉的人员应该尽早再就业。职场形势危机四伏，以后的环境也许比现在还坏，到时候被裁的人也越发多了起来，面临的就业机会就更少了。

而且被裁下来的人又与主动跳槽不一样，主动跳槽是让自己的职业生涯发展上一个台阶，而现在是被动的，现在至少要保障职业生涯的延续性，降低对职位和薪酬的要求，保持一个与自己原来持平或稍低的薪酬水平，都是值得考虑的策略。

但又不能盲目就业，否则就会有“饥不择食”带来的“营养不良”的弊端。急于再就业，选择的工作发展方向和自身兴趣爱好、专业特长大相径庭。虽然很快地找到了工作，但是会影响以后的发展。盲目地二次就业，是得不偿失的。

【回到学校】

如果因为能力不足而被裁的话，这段时间最好不要急于找工作，不妨去参加一个速成班，巩固自己的专业知识技能，先为自己"增值"。

知识是创造更多财富的工具，重新去提升自己，失去的可能是几个月的工资，但以后得到的却是无限的。一个人的职业生涯要比大多数公司的寿命要长。有了更重的砝码，就算以后重遇裁员危机，也不必提心吊胆了。不要因小失大才是明智之举。

被裁后必做的10件事是：1. 调整心态；2. 灵活思路；3. 联络朋友；4. 重新定位；5. 充实自己；6. 更新简历；7. 寻找机会；8. 耐心等待；9. 增强自信；10. 放眼未来。

 第六节　上班恐惧症

上班恐惧症是什么？不难理解，其实就是它字面上的意思。害怕上班、不想上班。

这种主观上的消极抵触心态如果不加以制止，很快就会将你推上降薪裁员的悲惨命运。

据调查，职场中的人将近半数就有这种症状。它没有什么剧烈的病情反应，发展也比较缓慢、温和，通常是你想起注意的时候就已经患上该种病症了。

尤其是在经过假期之后，这种症状尤为明显。

于洋在春节长假结束后，回到朝九晚五的上班生活轨道中。以前应付

自如的她却总觉得心里空荡荡的，早上真不想起床，工作起来又特别没有精神，老是走神。和平常相比本来没有做多少活也会让她感到疲惫不堪。总之，就是觉得累。

看到其他同事都已经快速地进入了工作的轨道，自己却还在对假期恋恋不舍很是着急。但就是没法管住自己的脑袋，甚至打开电脑，要输入开机密码时，脑子里都是一片空白，竟然忘了以前熟记于心的密码。后来要开邮箱，几个密码再次在脑海里打架。

主管已经旁敲侧击地暗示她好几回了，让她收收心，玩完了还是要工作的，可就是没办法，于洋也感到很无奈，心情就更加烦躁，更别提工作上的效率了，能勉强支撑到下班已经不错了。

难道说：身体经历了很好的休息之后反而无法精力充沛的工作吗？长假起到的只有反作用吗？

其实，人在某种状态下，大脑中枢会建立相应的工作模式。在工作状态时，大脑就会处于一种紧张状态之下，身体也会相应地建立与工作环境相配的思维和运作模式。

放了个长假，脱离了繁忙的工作，人处在一种放松的休闲状态，相应地大脑也会把自己调整到放松状态。

由假期过渡到工作，两种状态突然切换，自然会造成人的不适应。想想看，七天的长假中你都是9点起床的，第八天开始上班，谁能不定闹钟就能自己起来？这简直是不可能的，除非一夜不睡，等着6点准时起床。

其实说白了，上班恐惧症就是来自两种不同“惯性”的转换所带来的不适应感。

谁都不会在悠闲的长假之后立刻就投入到工作中去。这其中的过渡是必不可少的。而上班恐惧症之所以造成一种职场危机就在于：有的人需要过渡的时间太过漫长了。地球始终在转，老板不会因为你而暂缓工作进度的，更不用说有太多的过渡得快的人可以补你的空缺。

所以，当务之急，就是要赶紧调整自己。

职场自救攻略

【收心大法之调节生物钟】

长假玩乐过度，甚至通宵喝酒打牌等，打乱了人体正常的生物钟，结果"睡眠紊乱"就会找上门，导致工作时注意力下降，这样工作效率肯定就不会高。所以要收心最重要的还在于保持良好的精神状态，这就要求职场人士将倒转的生物钟摆正，上班后及时调整自己的作息时间，保证足够的睡眠时间，尽快适应新的工作，特别是上班前几天最好能详细制定自己的工作计划。

【收心大法之调整心理假期】

俗话说"一年之计在于春"，能抓住春天的时光，对想要在一年出成绩的职场人来说，也就意味着赢得个好开局，多想想节后的工作安排和今年自己的工作目标，调整好自己的"心理假期"，再励精图治、埋头苦干，才会有丰硕的工作成果，才能实现升职加薪的梦想。

【收心大法之给自己施压】

上班后一定要给自己安排好一天的工作，一天中要做哪几件重要的事情，把精力放在这些事情上，就会慢慢恢复正常工作状态。当然，也可以看看今年的计划与工作任务，给自己多一些压力，安排多一些的工作，让压力带你进入工作状态，压力会让人感觉不舒服，但是压力还可以让自己忙起来，从而让自己可以快速恢复以往的工作状态。让压力带给我们一些转机吧。

上班恐惧症并不可怕，只要自制能力发挥作用就很容易摆脱，不妨给自己找些动力，像每月必还的贷款、垂涎已久的衣服、想给父母添置个健身器材等等，这些东西的获得都是需要钱的，而钱是来自工作的。这会让你不得不尽快加紧步伐。

对于上班族来说，假期过后，往往需要三四天的调整期，暂时找不到工作的脉搏，也不足为虑，别把事情严重化，反而更加延长了"适应期"而耽误工作。

第三章 工作能力需提升

有哪个职场人没有接受过残酷竞争的考验？同行间的竞争，谁会给谁留三分情面？企业根据业绩优劣对员工进行淘汰也不会再留情面。即使从求职大军中异军突起杀出了重围，也不能保证在职场竞争的夹缝中不被排挤出去。职场人"阵亡"现象时有发生，"阵亡率"不断攀高。在职场人的安全感甚是堪忧的情况下，较强的工作能力无疑可以成为我们的救命稻草。

第一节　努力的隐形人

有没有这种可能:在忙碌和嘈杂的办公室里,无论在工作上如何努力都很容易被人忽视,像个奴隶般地埋头苦干,最后的成果却永远不会属于你,更加没有人记得你的努力。

答案是:很有这种可能,而且很多人正处在这样的可能里。付出得再多可能最终为别人做了铺垫。老板无视你的努力,当然赞扬也就永远不会光临到你的头上,更别说奖励了。

在职场中,这种事无疑是最令人沮丧的,它会毫不留情地磨平一个人的工作热情。有一种再怎么努力也没有出头之日的感觉。职场是一个需要合作的团体,职场人不可能像那句流行语说的那样工作:走自己的路让别人说去吧!不但需要彼此的合作还需要他人适当的鼓励、赞扬。这样才能发挥更大的积极性,才能再满怀激情地继续走下去,否则就像一台无言的独角戏,也许没到散场时间,演员就寂寞地退场了。

不过,这或许是每一个身处职场的人都会有的心路历程吧。而哪些所谓的"适应",无非就是把自己打扮成别人期待中的模样罢了。

楚楚在一家物流公司的市场部任职,因为公司客户很多,所以暂时不用楚楚这样的市场部人员出去找客户,日常工作也就是维护客户而已,说白了就是解决客户在货物配送中出现的一切问题。

这样一来,市场部就变成了一个工作内容比较灵活的部门。不用出去找客户倒是能轻松不少,可是一天的事情也不少,甚至称得上是非常闹心。虽然大多数问题一个电话就能解决,但是上百个客户轮流地打就让人有点受不了了。天天被电话追着跑。遇到刁蛮的客户就更得陪着辛劳还得受着委屈。

可外人看来，市场部的工作却轻松无比，不用像储运部天天在外面风吹日晒，也不像退货部需要来回搬运重物，天天打个电话就搞定。其他哪个部门一忙起来都拿楚楚所在的部门说事：凭什么他们轻轻松松地还能和我们拿一样的工资。弄得整个市场部都孤立起来。而楚楚他们更成为同事们心目中吃闲饭的典型，一遇到客户找来就把他们往市场部推。

最让楚楚心凉的是，公司经理在年终总结会议上说：市场部是公司比较清闲的部门，平时要适当地协助其他部门完成工作。满肚子的心酸一起涌来，真有辞职不干的冲动。难道自己所做的努力都被人视而不见、自动过滤出去了吗？没得到奖励还换来种种误解。

接下来的工作楚楚显得有些心不在焉，觉得做与不做都一样。同样感到，付出与收获永远不成比例。在公司越来越找不到自己的定位，更完全找不到自己的优势与价值。听到同在市场部工作的同事无休止的抱怨，更是觉得待在这个公司实在没有什么前途。跳槽再择业的话也不是那么容易跳的。

职场中和楚楚处境相似的人并不少，不但受冷落还受误解，关键活还真的一点都没少干。难道我们真要为了生存就忍气吞声吗？我们应该采取怎样的自救方法？

职场自救攻略

我们不妨先把这个问题解决了，你觉得你所在的公司有没有发展前途，如果公司本身都是难以维持的话，作为受气又受累的员工也没必要再这么耗下去。反之，如果公司有很大的发展前景，这些被忽略的职场人士们还需要继续忍耐一段时间。该干什么还是要尽心尽力干下去，但要注意方法了，别在默默无闻下去了，起码你得让别人知道你都干了什么。工作都不忙的时候，找别的部门的同事对自己的工作发发牢骚也不是不可以的。

时间长了谁的心里都有一个算盘，老板就更不是瞎子了，早晚会发现你对公司的有利作用。但，前提是你真的怀才、有能力，当然，想要等到出头那天，还要有足够的耐心。

【怀才就和怀孕差不多】

即使你真的“怀才”，在6个月内也未必能被人看出来。但不要灰心，最多不超过10个月，如果10个月都没人看出来，那肯定是没怀上。老天爷是很公平的。

怀孕是一种身体的自然现象，条件成熟了就会凸显；怀才也一样，要想让别人看出来，不能操之过急，要水到渠成，千万不能拔苗助长。

“怀上”了，如果因为客观原因导致“难产”，一定要想办法“保胎”，要相信新生命的力量，给予新生命阳光，待到时机成熟再“生下来”。

怀才了，要有被人发现的自信；没有怀才，也不要自暴自弃，要找到问题的症结，还得继续加油，这要靠自己。

【不管怎样，都要加满你的油箱】

要相信物竞天择，能够当老板的人毕竟不是傻子脑瘫。公司的员工那么多，不会一眼就发现了你的好，你可能面对的是一个老板，但老板面对的却不止你一个员工。

等待，是必须的。等待的过程中也别在工作上放松警惕，保持充足的精神头，就把自己当成一辆汽车，要时刻加满油。别因为老板的一时忽略就委靡不振，等着油尽灯枯。即使有天老板注意到你，也会被当成一摊糊不上墙的烂泥踩在脚下。

真正聪明的职场高手，是大智若愚，是揣着明白装糊涂，是该精明时精明，不该精明时装傻。绝不在受了一点委屈之时就先把自己给否了。遇到误解时如果反击没用的话，就自我解嘲一下，装傻来自动忽略。

别人的冷眼和碎语是不能真正伤害到一个职场高手的，因为他知道在关键时刻，只有自己的实力才能真正为自己说上话。所以，要想咸鱼大翻身的话，就时刻为你的油箱加满了油以准备随时的考验吧，在别人都没有准备的时候鹤立鸡群是最好的翻身之时，也是最强的反击之力。

职场的风云变幻就像大浪淘沙，沙子淘尽就是金子了。不要因为别人的忽略就放弃自己的努力，这是你的竞争对手喜欢看到的。别充当别人的刽子手，尤其还是在你自己被绑上绞刑架的时候。

第二节　草莓族的困惑

先别说草莓族，就草莓来说，真是个易损的东西呀！轻轻挤压就会出水、变形，稍用些力，再加上时间稍长点，就会腐烂。而草莓一族正是由草莓易损的特征引申而来的。

草莓族大多是生于改革开放以后，家庭物质条件比较富足的独生子女，在呵护与溺爱中长大的。集三千宠爱在一身，不顺心的事很少。在成长的过程中，又过多地把精力都投入在学习上，虽然应试能力很强，但社会适应能力却很弱，遇到了困难心理素质也较差，就好比草莓一样一压就烂。

概括起来，草莓族的特征用三个字就能够很好地解释清楚：娇、焦、骄。

尤其是离开校园刚进入社会的阶段，当然也有已经出入职场几年依然像温室的花朵一样的。性格中的"草莓"情结很容易在职场中凸显出来。

【状态之"娇"】

杜琦刚刚完成了自己人生中的第一次"跳槽"。从国内一流的食品企业果断地跳入一家进出口贸易公司做起了比较安逸的文员工作。杜琦表示，跟他一起进入原来单位的20多个大学生只有两人还在工作，其他人已经全部辞职了。

追溯起跳槽的原因，竟是出乎意料的简单，只因为杜琦的手在灌装香

肠时被设备划了几个伤口。还有上班两个月以来,手上多出几个茧子。

杜琦本来学的是物流管理专业,签协议时公司也答应按专业给分配岗位,但是按公司规定:每个新来的员工都要在生产车间锻炼一年,一个月就800块钱。车间的环境很快就让杜琦的精神崩溃了,而且专业知识根本用不上,感觉白学了一样。挣的钱远远不够花,待遇连普通工人都不如,当机立断就跳槽了!

与杜琦有同样遭遇的毕业生不在少数。目前,许多用人单位都要求新进员工到基层岗位锻炼,艰苦的工作条件和与传统印象中毕业即是"白领"待遇的巨大落差促使一部分职场新人类盲目辞职、跳槽。

在不少企业管理者看来,作为生产的基本环节,年轻人应该利用足够长的时间在基层磨炼,吃不了苦、无法坚持的"娇气"员工自然要被淘汰,也不能成为企业发展的动力。

与此同时,跳槽的年轻人也表达了自己的无奈。杜琦也说,跳槽是一个非常痛苦的过程,虽然新的单位各方面待遇有所改善,但再择业的过程让他对自己有了新的认识,毕竟作为毕业生,还没有足够的资本从容面对职场。

【状态之"焦"】

李芳是重点师范院校的一名应届毕业生,现在珠海市的一所重点中学担任高一年级的班主任。上班的前两个月正逢暑假补课,也不觉得工作有多辛苦。可开学一个多月,她就开始无法承受班主任工作所带来的压力和焦躁了。

每天的工作从早上六点叫学生起床开始,一直到晚上十点熄灯,一天下来都处在工作的状态。这期间除了每天要给两个班级上课之外,还要备课、出操、管理班级、上晚自习……习惯了大学闲散生活的李芳已经难以重新适应紧张的高中生活。

业务上天天有备课组长盯着你的教学计划,班级里时时刻刻可能都有事情发生,放了学还得查寝,看孩子们是不是都安心睡觉。什么时候等到孩子们都睡了,李芳这才能休息,第二天早上还得早起督促他们起床……

遇上问题学生和家长就更让人头疼,李芳班有个孩子不愿意上学,天天找理由,家长还帮着作掩护,真不知道他是怎么想的。刚开学一个月,这份让李芳向往已久的神圣职业就已经让她身心疲惫。由于缺乏休息和整天操劳，现在她的情绪十分不稳定，有时会莫名其妙地发火。十一黄金周也没有心情出去玩，只想好好在家睡觉。

工作压力大、生活无规律以及由此带来的身体和精神上的负担让许多刚踏入职场的毕业生陷入焦躁之中。一方面，有些人担心工作任务完不成，无法证明自己的能力；另一方面，宽松的大学生活已经很难让他们将工作和生活分清，"时时都在工作"成为不少人的疲惫根源。

【状态之"骄"】

同样是刚刚踏入职场的戴菁菁，十一黄金周期间去了心仪已久的西藏，彻底释放了长达三个月的郁闷心情。在一家汽车销售公司上班的她有着稳定的工作和不错的收入，但用她的话说，"最受不了公司里的虚伪气氛。"

戴菁菁总也忍不住想：我不认为我的主管比我强到哪去，却天天摆出一副了不起的样子，让人看了心里就犯堵，同事之间也不知道说的哪句话是真的。对于我来说，现在的工作就是小菜一碟，况且在公司里我毕业的学校最好，学历也最高，我看做汽车销售根本不需要研究生学历，直接进入管理层还比较合适。

与戴菁菁一样，一些高素质、高学历的毕业生脑中仍然对自己有"天之骄子"的期许。他们不愿意加班、对零零碎碎的工作不感兴趣、苦闷于办公室里复杂的人际关系、觉得自己应该如在学校那样"辉煌"并受人瞩目。

但现实情况往往不如人所愿，每个老板都不希望看到狂妄自大的员工，在工作团队中，自以为是的年轻人也会成为最不受欢迎的人。当年轻的"傲气"遭遇老板和同事的冷面孔，当一次次的"创意"被打击为不成熟，职场新人骄傲背后的苦闷和压抑也就不难理解了。

职场自救攻略

大多数草莓族都是些初入社会的年轻人，有工作激情但没工作经验。由于学校和职场氛围的巨大落差，一时适应不了。吃点苦头是在所难免的。还好执有年轻的筹码，有更多的机会和时间更清楚地认清自己，摆对自己

的位置。

想要摆脱“草莓族”的称号就得既不能把自己看得过高，也不能遇上点小困难就产生自卑感。因为这是年轻人最容易犯的两个错误，危险的是不管犯了哪一个都能将你推进职场危机之中。

“草莓族”应该如何突围？

【快速适应场景的转换】

不甘心坐等于职场危机之中，作为草莓族首先就要把自己在学校中的气息全部抹杀掉。校园和职场是两个截然不同的环境。管理好自己的小脾气，在职场中就要抛弃还是作为学生时期的处世原则，毕竟你不能用一把钥匙开两扇门。

想快速适应职场节奏，就要清楚认识职场现状，更要懂得尊重并遵守用人单位的规则。毕竟公司高层不是你的父母，不单单只有你一个孩子。在就职之前，应对企业福利情况、工作情况有所了解，免得刚进入公司就开始大加抱怨。就职后在第一时间研读企业规章制度，并严格遵守。不能否认许多初入职场的新鲜人自幼就养尊处优，容易把散漫的习气带进工作单位。但职场中既然有业已制定的规则，作为新人，就必须马上适应这一切。

【虚心求教　不耻上问】

遇到陌生的问题，不要心高气傲耻于问人，更不要自己埋头搞“创新”。要多向老同事求教，表现得虚心一点，让他意识到他对你的重要性。不论是什么人，都会很享受被人需要的感觉。只有在工作中多问几个为什么，走一步看三步，才能真正融入到同事之间。别为自己最初的无知而羞愧，不聪明也没关系，但是装聪明就太惹人厌了。

【担负起属于你的那份责任】

还有一点是草莓族最需要的，也是最缺乏的，那就是责任感。

就像没有责任感的军官不是好军官一样，没有责任感的员工也不是好员工。

人这一生都在扮演着各种角色，同时与之相伴是永远都逃避不掉的责任感。有人惧怕“责任感”就像拒绝要小孩的父母一样。但何不换个角度思考一下，有时我们又何尝不是在各种各样的责任感中获得满足、赢得尊重呢，在责任感上可以找到我们生存的意义。它是一个矛盾的统一体，总是在付出的时候又获得什么。所以想要活得精彩的话就勇敢地承担起属于你的那份责任。

职场不要视责任感为负担，它是一个职场人前进的脚踏板。级别越高的人责任就越重，责任越重的人薪水也会越高。所以说如果哪天你所在的公司不需要你承担任何责任时，公司也就不再需要你了。

工作中的每一次任务都是一次航行，比起起航，返航更为重要，不要被风浪所吓倒，肩负起自己的责任，不负自己，更不负并肩作战的同事。

在职场中，锁定了责任，有天终将锁定高薪。没有责任感，对工作也是敷衍了事；有了责任感，才能尽心工作，完成小我，实现大我。

想要真正独立于这个社会中，就先脱掉草莓的外衣吧！

毕竟没有哪个老板是傻子，他们是不会容忍那些只拿薪水，却不能为公司创造利润的员工，更何况企业与企业之间的竞争是愈加激烈的，只要草莓族们放任了任何一个细节，都有可能导致整个企业蒙受巨大损失。

让一个人成为草莓族最大的凶手是：有所依靠。大多数草莓族无疑都是那种吵着独立，却时不时向父母“借”点“小钱”的人。不想当“草莓”的话，何不离你的后盾远点，那样更能培养你坚忍不拔的意志力。因为没有后路的人往往会更加的冷静、更能放下身段、更能吞下苦楚，这样一来“娇、焦、骄”就全没了。

第三节 长江后浪推前浪

职场上"中年危机"这个词大为流行。也可称之为"灰色中年"。从广义上来讲，是指一个人的人生阶段可能经历的事业、健康、家庭婚姻等各种关卡和危机。而中年危机在职场中又十分突显。

其实，现在的职场人，即使是未到中年，也可能遇到历时更长、压力更大的危机，可以称之为"中途职场危机"，就是能否保住自己职位的危机。

竞争是职场上很自然的规律，每年都有几十万几百万的毕业生，再加上职场老手在各个工作中的人员流动。新人替旧人、后浪推前浪是很常见的现象，公司当然渴望更多更好的新鲜血液不断地补充进来，但是这样一来却给老员工带来了巨大的职业危机和站到了更加尴尬的位置。职场新人们一边向老员工请教经验，一边视其为"拦路虎"，暗中较劲一心要超越他们。真可谓是"笑里藏刀"啊。

就业压力这么大，人人都知道自己的这份工作来之不易，所以一旦得到机会就会倍加珍惜这份职业，会更加努力尽职地工作。新人们观念前卫，干劲十足，与老员工相比唯一的短处就是缺少经验，但常常用虚怀若谷的钻研精神来弥补。新人们进步的同时无形中便给老员工造成了地位不保的压力。如果学历和能力都很一般的话，很可能会被其他人取而代之，面临被裁的危机。

王丽在现在的公司已经效力两年多了，工作上一直都勤勤恳恳、踏踏实实。因为为人热情，又很勤快。公司的同事都很喜欢这个笑容甜美的女孩子。

随着年龄的增长，王丽已经不是那个刚毕业的小女孩了，结了婚，有了小孩。生活上的事多了，免不了在工作上就不那么干劲十足了，再加上近年来市场不景气，公司在薪酬福利上面始终没有增长，甚至有些福利还给取消了。这就更让王丽的工作积极性下降了。虽说是老员工，但是晋级方面没有一点苗头，这就更让她泄气了。日子就这样不咸不淡地过着。

终有一天，王丽接到了裁员通知，她惊呆了。因为她从来没想过自己会被裁掉，以前这段时间工作上虽然没有过多的进步，但还勉强维持，保持中等。再说自己是老员工，公司不可能这么无情，更没有想到的是公司考虑到刚招聘来的新人比较年轻，活力十足，更适合王丽这个工作，便决定用这个新员工来接替她的位置。

努力把情绪慢慢平静了下来，经过仔细反思，王丽明白了问题之所在，虽然自己在业务上保持了平衡的水准，但是别人却一步步努力做得更好，人才太多了，新人太多了，一旦稍不努力就会被挤下去。此时，她后悔不已，怪自己当初没有更努力。

台湾著名音乐人黄舒骏对新人就有一种非常敏锐的危机感。虽然在乐坛，他的资历辈分举足轻重，但每年看到那么多前赴后继的新人以数百张新专辑的速度抢占唱片市场，就会产生被远远甩在后面了的危机感。黄舒骏说："老不是最可怕的，未老已旧才是最悲哀的事情。"

不管是乐坛还是职场，新陈代谢的规律在推动进步的同时又会给老人带来莫大的危机。一不留神，就会成为竞争中的牺牲品。

职场自救攻略

职场中抵抗危机的有效方法有很多，但最不可缺少的是必须时刻对危机抱有一种忧虑感，常言道：人无远虑必有近忧。如果更进一步，想要使这种忧虑感发挥出你所希望的作用，还是要把忧虑感转化为能让自己进步的动力，这中间的连接点只有一种东西才能完美地达成使命，那就是时刻保持清醒，提升实力，与时俱进。不要把它归为一个俗不可耐的老说教，真正做到的没几个，也确实不容易。只要掌握了它的真谛，并付诸实践，那么不管有再多的后浪扑打过来，也能做一棵常青树，永远青翠、屹立不倒。

在这里，身为一个老员工，所持有的心态很重要。

通常一个公司在迎来一个或一批新员工的到来时，老员工们无外乎会出现三种心态：

一、接受挑战型，这类人心态比较开放，年龄的增长并没有给他带来“中年危机”感，反而更加有自信；阅历的成熟，更能让他认清自己，再混乱复杂的环境也乱不了他的脚步。就像是一个女人，逐渐把她外在的美丽蜕变成由内而外所散发的魅力，不经意间就能震慑人心，面对再强的竞争对手也能保持积极进取的劲头。谁也威胁不了他们。

二、排斥型，这类人缺乏安全感，新人的到来，会让他们无心手头的工作，对新人底细的陌生感激发他们所有的感官，去揣测、判断，直到认识到不会给自己带来威胁，才会一边松了口气一边祈祷公司不要没事就引入新同事。工作中，如果有新同事虚心求教，也会以不惜两败俱伤的手段来极力压制新来者。

三、保守型，可以说，他们才是职场上的和平主义者。观望都懒得观望，自己的日子自己过，守着自己头顶的一片天，遵从自己的做事做人节奏，息事宁人是他们自以为是的职场必杀技。新人的到来不会带给他们任何情绪的波动，有时还会尽一些老人带新人的义务。

可见，这三类人中只有第一类人才不会轻易遭受被替代的危机。因为他们永远都认得清局势，并顺应时局来变化节奏。第三种人心态虽然风格高尚，但是他们误解了职场，即使你不想有一个会平步青云的机会，保持原地不动也是需要不断地进步和创新的。就算一时不用忍受排斥型的紧张焦虑，以后也难免避开被淘汰的下场。

所以想当职场常青树，就要锻炼第一类人所具有的涵养，平静下又不失竞争意识。职场的竞争不代表攻击，它只是一种防卫。就像保守型人一样，如果再这样下去，不用多久，就会被新人挤下去。

后浪推前浪并不可怕，可怕的是，过于接近沙滩。就像职场人，只要拥有足够的实力，不要过于接近职场中的那片险滩，即使有人推你，也不足为患。

第四节 零效率一族

忙碌却又毫无效率，指的就是瞎忙族。就是在别人看来匆匆忙忙地没有一时停歇，总是有无数的工作在等着他做，而实际上就算是问正在忙碌着的本人恐怕也说不出今天到底干了什么有成果的实事。到底在忙些什么，他也说不上来。在职场上这种人真的很无奈，明明一刻不得闲，做了很多事却又不见成效。慢慢地老板也就不怎么会重用你了，自己也会渐渐感到身体疲劳，思维更会陷入僵局。时间长了，和同事在业绩上一旦有了比较，离被炒的日子也就不远了。

如果是在以前，老板还会考虑到你的工作态度为你留一席之地，凭勤干、苦干还能勉强度日，但现在的环境不一样了，结果更大于过程，业绩提高不上去所有的努力都会付之东流。

小林和小冯是同一批招进这家大型超市上班的，他们的条件基本相仿，薪资也一样。不久之后，他们之间却发生了巨大的变化。小林受到老板重视，开始负责公司的大客户，开会时老板也会悉心听取他的建议。而小冯却接到了解聘通知。

小冯感到愤愤不平，凭什么被辞退了，自从来到这个公司以后，一直都勤勤恳恳地工作。更令人气氛的是小林也并没有比自己多付出多少啊！为什么差距就这么大？想来想去，不甘心地找到老板发起了牢骚。

老板对小冯的态度并没有很生气，而是很耐心地说："我再给你一次机会，现在有一家新的客户想进入我们的超市，现在正处于合作前期的调查阶段，请你联系他们的负责人，了解一下他们主要产品都有什么？"

小冯赶紧打电话过去，问完之后马上向老板汇报："他们主要经营清洁

用品。”

“有多少种产品？”老板问。小冯又赶忙联系客户方报告老板：“一共有32种。”

“供应价和市场价分别是多少，有报价单吗？”小冯只好第三次给对方打电话询问，对方因为他一遍一遍地打电话显然没什么好脾气，惹得小冯也忍不住抱怨：这老板也太能折腾人了，就不能一次性说完。

要完了报价。老板让小冯在办公室等一下，不用发表任何意见，看看其他人又是怎么处理这个问题的。说着叫来了小林，交代了和小冯一样的任务。小林向对方负责人打去了电话，仔仔细细地询问着，手中不时做着记录。又向其他做同类产品的厂家做了详细的咨询。于是向老板回报了新客户所经营的产品、产品种类、数量、价格，又报出了与其他厂家价格、功能的区别。又说出了自己的想法。

此时老板转向了小冯，说：“知道问题的根源了吗？这就是为什么重用小林而裁掉你的原因。”

小林5分钟完成的工作，小冯却用了20分钟，而且让老板下达了3次命令。小林并没有等老板一件事一件事的吩咐，一次性就了解了全局既省时又省力。在完成本职工作的同时为公司创造了更多额外的收益。无论是比效率还是比为工作作出的贡献，虽然两人是同一天进公司的，但现在却不能再同日而语了。那么就别怪老板不留情面了。

做事能否讲求方法、效率是一个人工作能力的重要衡量标准。事倍功半和事半功倍，不是说起来那样简单的。这其中蕴含着巨大的智慧。

职场自救攻略

【干活也要讲究技巧】

不想瞎忙的话，最有效的方法就是每天进入办公室的时候，不要立刻就开始没头没脑地干活，这样瞎忙下去，倒不如闭上眼睛想清楚，分别列出3个最重要的事情，3个一般的事情，从重要到不重要依次完成。还要在时间上做些预留，防止突发事件的发生。下班前5分钟再总结一下看哪些事情做好了，哪些没做，为什么没做？然后收拾心情，尽量不想公事，回家安心地扮好自己在生活中的角色。工作生活两不误,充分体会人生的美好。

不要去在意会给别人留下怎样的印象,没有用。繁忙的状态不是装出来的,不是给老板看的,更不是做给自己看。即使想给老板留下勤快的印象也是给得了一时给不了一世。老板们还是会选择更讲究工作效率,花短时间做实事的员工。

【培养建立目标意识】

一个有理想有抱负的员工,一定会为自己的人生设定出长期、短期目标。为了使这些目标实现,他就会充分做好生涯计划。具体地说,就是处理好自己在时间方面的利用。

一般说来,员工需要确立的工作目标可分为三种。其一是达成目标。如这个月营业额要达到多少?其二是向上成长目标,就是追求比现在还要好的目标,是工作上的一个量变增长。并没有所谓的终点站,而是要不断精益求精,追求上进即向上成长目标。其三是经验目标,即将亲身的历练放在很重要的位置,再依此设定目标。因为一般人是靠经验来促进自身的成长,所以,想要有什么成长,就需要先有什么经验了。如果你以经验为目标,就要争取多岗位练习的机会,最后确定最适合自己的岗位。

【制定工作目标】

员工有了培养建立目标意识之后,就要开始制订目标。这项环节的建立刻不容缓。只有制订了工作目标,才能更快地进入角色,投入工作。工作上没有目标,就等于马拉松赛跑没有终点线。就会和瞎忙族一样,永远都不能确定在忙什么,为什么这么忙?

在制订目标时应该考虑最终目标、阶段性目标和措施目标三项要素。最终目标,即最终要达到的目的地;阶段性目标,即每一个阶段要实现的短期计划;措施目标则是为完成阶段性规划的具体措施方案。

职场人应该养成制订切实可行的目标,并力求速度快、高效率地付诸行动的良好习惯。值得注意的是目标的设立,要尽可能明确,但同时也要高瞻远瞩,把视线放得远一些。当然这其中也少不了你的坚持。

【促进目标完成的"5W-H 法则"】

"5 W-H 法则"即 Why、What、Who、When、Where、How。这个法则,

很多职场人都知道,但能熟练地支配并运用的人却很少。职场人如果在完成目标的过程中,能积极并善用这些法则,其作用是可观的。

(1)Why(为什么——理由、目的)

(2)What(什么——情况、材料、钱财、资讯)

(3)Who(谁——人)

(4)When(什么时间——时间、时期、期间)

(5)Where(什么地方——场所)

(6)How(怎么样——实行的方法)

运用起来很简单,只要在你的目标里找到这六个因素就行了。

为了避免瞎忙,就做个有准备、有计划的人吧!苏格拉底说:“没有经过考验的人生是一文不值的。同样,没有做前期准备的工作是不会一帆风顺的。”即使再简单的准备也会收获意想不到的效果。

虽说成功的路上没有捷径,但是如果有了效率,起码会让你少走些弯路,而事前计划又会大大提高你的效率。所以不管你现在多么忙碌,也要停下来,自问一下:Why、What、Who、When、Where、How。

第五节 书到用时方恨少

想要拥有更多的财富吗?

那么想办法先拥有足够的知识吧!

在某种情况下,你可以直接把知识当成金钱本身。因为它本身就是一种无形的金钱。

如果职场是一座迷宫，那么知识就是一个领路人。它在探险的途中改变你的思想，完善你的思维方式，在遇到错综复杂的交叉口时还能帮你作出正确的选择，如果你继续和它保持良好的关系，学习它、善用它，不但可以帮你走出迷宫、走出困境，还能让你在途中得到无数意外的惊喜和收获。

反之，如果你真的没办法和书结为朋友，知识也无从所得，恐怕与你为伴的也只有无穷的困惑与迷茫了。

有人似乎已经意识到在职场中知识的重要性了。想学习，想充电，可也仅止于口头上而已。一让他付诸于实践却又拿上班忙、时间有限、精力有限来搪塞，继续固步自封。

可老板是不会根据一个人会些什么就给你与此同等难度的工作的。一旦提出的要求更高一些，此人就不得不露怯了。于是东拼西凑、毫无章法地弄了一个自己也不知所以然的东西送了上去。那么老板只能要求你回去休息好长一阵子了。公司不会因为一人的失利而停滞不前的，也不会白白养着一个没有用处的人。

现在的职场，人才是不会出现断层的。走几个就能补上几个。

所以永远别想用临阵磨枪这一招在职场上试图力挽狂澜，那样会更狼狈。失败了才想起“书到用时方恨少”，也只能为下一场战争开个好头，在当下这场战争中妄图置之死地而后生那是不可能的。

王兆军是一名普通的公司职员，他学的是软件开发专业。当初毕业的时候没有找到本专业的工作，因为软件开发要涉及到很多编程的工作，而小王最烦的就是编程，上学的时候更是没有努力学过，找工作也不想找这方面的工作。可是几经波折，想找其他专业的工作却并不容易。后来到了现在他工作的这家软件开发公司做开发文员。当初来这家公司面试的时候就有很多问题都没有答上，当时很尴尬，多亏老板给了他机会，才能来上班。

开发文员其实就是打杂的，很少涉及到编程方面的知识。那时正好有好多资料要处理，所以小王那段时间每天都在网上找处理方法，之后就使用各种软件进行格式转换。可郁闷的是，有一天电脑出了问题，由于小王不懂重装系统方面的操作，在恢复之后把所有的磁盘整个处理成了一个盘，

就这样，一个多月辛辛苦苦找的资料说没就没了。小王心里这个难受劲就别提了，他后悔平时没有好好学习专业知识，到工作岗位上之后处处捉襟见肘，没有办法也只能天天加班。

其实这还是个没有造成什么严重后果的小例子，但是它也足以给我们提个醒：现在的社会背景下没有知识是不行的，一个人知识的短缺，绝对会导致他职业危机的爆发。知识的多少是一个不断积累的过程，万不可等到“书到用时方恨少”，到那时，“恨”也没有任何意义了。

职场自救攻略

学习是一生都要经营的财富，哪怕不在职场中了，生活中，只要还活在这个世上就离不开知识，当然如果你想生活得更有档次、更有品位的话。相信世上没几个人是不想过好日子的。学习之所以作用大到能左右一个人的幸福，关键在于它能完善一个人的世界观，升华一个人的精神世界。

而在职场中，不断地学习，如饥似渴地吸取知识所显示出来的作用就更为显著一些了。可以毫不夸张地说：知识完全有能力决定职场上的生死存亡。

有一个寓言故事：每天，当太阳升起来的时候，大草原上的动物们就开始奔跑了。狮子妈妈在教育自己的孩子：“孩子，你得认真研究怎样调节奔跑时的步伐才能让你跑得更快一些。因为只有跑得快一点，再快一点，你才能追得上羚羊。如果你要是跑不过最慢的羚羊，你就会活活地饿死。”

在另外一个场地上，羚羊妈妈也在教育自己的孩子：“孩子啊，你必须学会怎样才能跑得快些，怎样才能避开狮子的攻击。如果你不这样，那你就肯定会被他们吃掉。”

这就是竞争，谁都得置身其中，亲身体验。残酷的同时，又是一种可以使人更加迅速成长的一种方法。

无论在生活中还是在工作中，大家都希望身处这颠沛流离的乱世之外，获取那一丝安全感。现在看来，谁又能完全将自己置于一处安全岛，来自外界乃至自身的压力会不停地让我们充满了危机感。怎样提升我们的战斗力，屹立于不败之地，答案只有一个：需要不断地学习。

有人说21世纪将是一个属于科技的世纪；有人说21世纪将是一个属于知识经济的世纪；还有人说21世纪将是一个属于中国的世纪，不管它终究属于什么，都不会是一个离得开学习的世纪。所有发展的背后都得以知识作为依托。

人是所有地球生命中适应自然环境的能力最弱的，但人却成了地球上生命力最强大的动物。人类适应、掌握、支配了这个世界，这一切成果的背后都应归功于人类强大的学习能力。不断地学习造就了不断进步的人类社会，学习是人类永远都要继承下去的财富。

老一辈说：技多不压身。在如今前赴后继的职场战争中，一个人就好比一个战士一样，如果想活在自己的岗位之上，想得到老板的重用、提升，那么他就得磨亮手中的枪，打起十二分精神拼命练习搏斗技能。虽然不能一步到位，但只要不断地学习了、进步了，他就有可能不被对手们打倒，不被卷入职业危机。

著名主持人杨澜在1990年以其自然清新的风格、镇定大方的台风及出众的才华被聘为中央电视台《正大综艺》节目主持人。从一个普通的大学生，成为央视节目主持人，荣誉和成就一起向杨澜涌来，但她并没有认为这样就够了，目前的知识所支撑的成绩很快就会被别人赶超。所以，1994年，在完成了《正大综艺》200期制作之后，杨澜放弃了现有的有利条件，跨越太平洋去了美国，选择攻读哥伦比亚大学国际传媒硕士学位继续进行深造。因为她认识到想要永远的成功，就要获得更多的知识。

当杨澜第二次出现在媒体上时，她的形象已经发生了翻天覆地的变化。与哥伦比亚广播公司曾数次获得普利策奖的制片人莫利斯·莫米德共同制作导演了《2000年那一班》两小时纪录片，在哥伦比亚及华纳兄弟联合电视网晚7点黄金档向全美播出，创下了亚洲主持人进入美国主流媒体的先河，获评论界好评；她的境界已非昨天能比，她在自己的人生道路上又上了一个台阶，实现了更为深远的人生价值。

不管你是已经取得了一定的成就也好，还是正在努力进取中也好，学习是一个人一生都要经营的财富。如果他人在不断地学习，而你却止步不前，到最后，你必落人后。在现在的职场上，落后了是要挨打的。

在职场中，总会出现这样的情况：两个年轻人同时被某大公司录用，甲不仅拥有较高的学历而且才华横溢，乙却是自学成材，他甚至连一个像样的文凭都没有。往往开始的时候，甲会凭借自己的优异表现博得上司的欣赏，而后来的结果却往往是：乙得到了提升，甲却依然停滞不前。为什么？其实道理很简单。一旦甲安于现状，把继续学习这件事抛之脑后，觉得我的知识已经足够，不用再学了；而乙却笨鸟先飞、后来者居上，不断用学习来弥补自己的弱项、完善自我。无疑就能得到这样的结果。

随着知识时代的到来，学习已经晋升为一种习惯、一种信仰。企业之间的竞争也越来越体现在员工素质方面的竞争，只有具有高素质的人，才能打造出高素质的企业。而员工的高素质，在很大程度上就是取决于其学习能力。所以想要永远绝缘于职场危机，唯一的机会就是具备永远比竞争对手学习得更快的能力。不要等到书到用时方恨少。

不要把学习搞得那么复杂，更不要以为只有天天坐在学校里才叫学习、才能学习。想学出水平、学出效率，首先就不能把它当作一种任务，而是把它看成一个工作之余的休息、娱乐、放松，完全视它为一种消遣。等地铁时，乘公交车时都可以拿上一本书。随意地瞄上一眼有时比刻意在纸上写三遍的效果要好得多。

第六节　汉堡人才的悲哀

你是汉堡型人才吗？

“汉堡人才”，指的是具备足够行业经验和本科以上学历，持有至少一项职业资格证书或技能证书，却在跳槽中屡战屡败，得不到理想职位和薪水的人。

之所以称之为“汉堡”，是因为两者在本质上有所类似，表面看上去都很光鲜亮丽，吃下去却没有多少“营养价值”。

在职场中，这些汉堡人才手中虽握有足够多的职业资格证书或技能证书，一旦进入具体工作中，却很难发挥他们应有的价值，没有让公司爱不释手的核心价值，看起来条件不错，实际上却没有什么特别之处。这样的话，就很难获得重用，而且很容易下岗。

30 岁的刘倩觉得用“汉堡人才”来形容自己真的是太贴切了。她是中文系研究生毕业，毕业后由于专业知识过硬，文笔出色，几轮面试后就成功地进入一家杂志社工作。

本来就喜欢舞文弄墨的刘倩很喜欢这份工作，很稳定，工资也没有很大的波动。由于文字功底好，到社里不久，就开始帮助主编审阅并修改稿子。就这样一做就是两年。越来越多的工作量和一直没有变动的工资待遇，渐渐让刘倩感到不安和不甘。她觉得自己还年轻，不想就这样整天忙于审稿，改错字、找漏洞了。而且自己有个不错的文凭还有两年的工作经验，找个更好的工作应该不是问题，于是，她毫不犹豫地跳槽了。

接下来的事令刘倩倍受打击，经过几次面试之后，对方都认为她的简历还不错，但都以找不出亮点为由将她踢出局。

刘倩并没有灰心，为了增加阅历和经验，当然更主要的是为了有份更高的收入，她开始尝试做起了销售。她从小书就念得好，以为凭借自己的智商和勤奋，销售的工作应该绰绰有余。但后来发现，这并不是一个容易上手的工作，不仅仅需要聪明的头脑，性格并不十分活跃的她，做起来并不轻松。本以为的高收入没了，每月也只能拿到基本工资，偶尔有少得可怜的提成。体力上透支得厉害，精神上也被无形的压力狠狠地折磨着。

更严重的是，她越来越没有自信。刘倩重新认识自我，觉得销售并不适合自己并不十分活跃的性格。于是找了第三份工作，在外企做企划。

糟糕的是这次连试用期都没过，就离开了。原因是公司上级认为她缺乏拿手绝活，只让她做些琐碎杂事，这根本不能让研究生毕业的刘倩心理平衡，考虑再三只能走人。

就这样，又换了几分工作，几年过去了，还是没有找到自己理想的工作。青春已不在，虽然简历上工作经验很多，却依然找不出亮点来。现在也只能走一步算一步，顺其自然地过日子。

刘倩在职场上的失败归根到底还是因为工作的综合能力不高，对自身职业发展缺乏远见，时常感到迷茫，通常是眼高手低，在平淡的工作中逐渐磨灭了进取心，对现实的不甘导致一次次盲目的跳槽，又缺乏竞争力，工作中发挥不了主动性，根本就是被工作"牵着鼻子走"。就这样使职业发展越来越逊，屡屡碰壁。

职场自救攻略

在职场中，发挥竞争优势，最重要的是"我有你没有的能力"。"汉堡人才"之所以屡战屡败最主要还是因为他们的知识技能很多属于"你有我有大家都有"的情况，没有与众不同的能力，外表光鲜缺乏特长。更关键的是把自己看得过高，这些因素使他们在职场竞争中没有实力去与其他人竞争，最后眼睁睁地看着自己陷入职场危机。

那么，"汉堡人才"如何打响职场反击战？

【切勿自视过高】

高等文凭、名校毕业、热门专业，想凭借这些武器就能在职场上披荆斩棘，那不如自己乖乖走进危机的沼泽中，也省下了以后再做挣扎的力气。

自以为是会使人看不清眼前的战局，尤其是自作聪明地在自己的幻想中如痴如醉的人，不但在旁人看来可笑愚蠢，更容易在遇到一点困难时就心浮气躁，绝望悲观。最终不可避免地输了个彻底。

一个学焊接专业的毕业生通过学校推荐，进入深圳一家公司做焊接工作，结果，不到一个月就跑了回来，临阵脱逃的原因是他认为自己的能力做个工程师都绰绰有余，为什么要去做一个又苦又累的焊工。于是，他不再指望学校给介绍工作，自己在人才市场找起了工作，令他自己没有想到的是，凭借自己扎实的技术功底，一年都过去了，竟没有当上工程师。

这一年中，残酷的求职经历磨平他高傲的自尊心，在家里与拥有稳定工作的兄弟姐妹一比也自觉低人一等，偷偷流了不知多少悔恨的眼泪。也明白了自己以前的不可一世是多么的可笑。

不得已又回到学校，通过老师推荐到北京的某企业工作，仍是做焊接工。不同的是，这回他不再妄想了，再也不会不知天高地厚地只看重钱和职位高低而不肯吃苦受累了。明白了事业是要从一点一滴做起来的。这次一定要珍惜这份工作，再也不幻想那些不切实际的东西了。

可见，自视过高，痴心妄想，超越了客观的条件，是不会得到理想的职业的，最终也只能渐渐地力不从心，陷入危机。

【提高自身的能力】

能力永远是职场前进中不可或缺的推动力，就好比是一部汽车的发动机一样重要。同时又是衡量一个人生命价值的重要标尺。

可以说，职场其实对每个人都很公平。只要你能做别人所不能做的、拥有别人没有的能力，就能安稳地坐在自己的职场位置上。

需要说明的是，这里需要做的事和需要拥有的能力，不单单指书本上学校里所学的知识，它更大程度上指的是一种工作经验，一种用时间换来的积累。所以放下你那高人一等的文凭、证书吧！想要更加适应职场、化解职场危机，就利用工作之余把时间好好分配一下。别说工作繁忙没有时间，只要你用力地挤总会从时间这个海绵上挤出点什么的。在工作中学习是个更加不错的主意，实践中学习知识会更加事半功倍。只有不断地吸收新鲜知识，这样才能跟上职业发展的节奏。

汉堡人才想要变得大受欢迎不难，有了漂亮的外表，再填充上健康营养的内涵，马上就会人见人爱地风靡职场。

第四章 人际关系『难摆平』

人在社会中不是孤立的，人类社会的进步是各种关系发生作用的结果，人类正是通过和别人发生作用而发展自己，实现自己的价值。

在职场中，人际关系是一个非常重要的课题，良好的人际关系是舒心工作安心生活的必要条件。

然而，现实中的人际关系往往十分复杂，初入职场时那颗淳朴的心，如同雾里看花，怎么也看不明白。哪怕是职场老手，也难免掉进职场中人际关系的危机中去。职场冷暴力、圈子圈套、流言蜚语、小道消息，甚至职场政治，这些都让人身心俱疲，难以招架。

工作，不难；工作牵扯到的人际关系，却难以摆平。

有一个意义深刻的黄金法则：『你们愿意人怎么待你，你们也要怎么待人。』将心比心，真诚待人，在任何时代都是不会错的。除了以不变应万变，身在职场还应言行谨慎，对潜在的危险和陷阱保持足够的警惕。要做事，先做人。当利益的诱惑摆在面前，应当何去何从？有时真是相当严峻的考验。

第一节　遭遇职场"冷暴力"

何谓职场冷暴力？

在《杜拉拉升职记》中，杜拉拉负责公司装修，很多同事都不配合，而且故意刁难。杜拉拉已经请好了搬运公司，同事们却拒绝打包，不理不睬，拖延进度。

其实，杜拉拉所遭遇的，正是一种职场"冷暴力"。

职场"冷暴力"一般指上司或群体用非暴力的方式刺激对方，致使其心灵受到严重伤害的行为。职场冷暴力主要体现在让人长期饱受漠视、讥讽，甚至被停止日常工作，使人在心理上极为压抑、郁闷。

职场冷暴力的表现形式多种多样，比如边缘化、架空、打入冷宫、精神虐待、心理战、故意放假、调换岗位等。"冷气"袭人的心理战，往往比真枪实弹的争吵更加让人难以忍受。如果你愤而辞职，"施暴者"就得偿所愿了。也证实了你已经正式中了职场危机的套。

追根溯源，"冷暴力"的概念最先出现在婚姻家庭中。夫妻之间发生了矛盾，虽不诉诸武力，却通过暗示、言语，彼此有意或无意用精神折磨对方。蔡依林唱了一首歌，歌名就叫《冷暴力》。歌中唱道"我要用冷暴力冷冻你，冷暴力是最后武器"，直接表达了冷暴力的威力。

现在，冷暴力这一概念已经蔓延到职场中。调查显示，近七成职场人表示自己曾经遭遇过职场冷暴力。职场冷暴力种类之复杂，令人更加防不胜防、难以应对。

【孤立冷漠，集体封杀】

小何来房产公司的时间不长，发现公司里派别众多，小何生性腼腆，对这些小圈子毫无兴趣。一次午休时，办公室同事一直谈笑风生，等小何推门进来，立马戛然而止，此刻的小何倍感失落和尴尬。圈外的她遭到了同事的封杀，每当有业务电话找她，前台接待员爱理不理的；去财务部数据库调数据，也成了难事。小何感到孤立无援，仿佛成了多余的人。

【架空权力，把你“边缘化”】

小韩是一家外企的销售部经理，3个月前为了一个工作方案，他和上司争吵起来，上司当场冲他大吼：“我是你领导，你就得听我的！”会议结束后，小韩找到上司认了错，但上司对他的印象已大打折扣。从那以后，本该他做的事，上司安排给其他人做；以前应该由他参加的会议，也没他的份。最近，上司竟然“提升”他为“销售部顾问”，工资、奖金基本稳定，不再看业绩拿钱，小韩恍然大悟，自己完全被“架空”了，没有实权，不再管人，也没机会接触业务了。

【调离岗位，让你忍无可忍】

宁波某企业的李云虎等六人，曾经遭遇如此待遇：先是工厂让他们放假四个月，全部从厂内的宿舍搬出去住，当他们放完假回来后，工作内容竟然变成了割杂草。他们很不满，提出请假，公司以他们“工作时间私自离开岗位”为由，按旷工论处。最后他们不得不黯然辞职。

【打压，以上制下的“施暴”】

Michael是一家外资公司的销售经理，一直颇受上司器重。可新任大老板上任后，事情就发生了变化。大老板喜欢扁平化管理，时常会和Michael有直接的接触，这让Michael的上司深感忧虑，上司觉得自己的位置不保、受到了挑战。因此，上司开始在各种场合对Michael不断打压，凡事只要能找出瑕疵，都会被抹杀得一钱不值，最后Michael被架空并雪藏。

可以看到，职场冷暴力危害极大，它会使人心理不适、压抑、郁闷，在工作中产生职业倦怠，心灰意冷，甚至无奈离职。

在遭遇职场冷暴力后，大多数的职业人都受到了严重的心理影响，直接导致了消极的工作状态，其中一些受害者选择了黯然离职；另一部分人选择了“以冷制冷”，以“冷暴力”回敬“冷暴力”；只有少数人选择以积极的态度迎接挑战，努力寻找解决方案。

职场自救攻略

1."冷暴力"下如何过冬?

"外面的世界很无奈",职场新人遭遇职场冷暴力,最先想到的往往是:"三十六计,走为上策。"然而,如果不断地频繁跳槽,十分不利于职业发展。所以,应对职场冷暴力,还需采取积极的方法。如果再三努力还是无效,再选择一走了之,也无遗憾。

常言道:"我不能改变天气,但我可以改变自己的心情。"面对职场冷暴力,如果我们不能改变他人,那么不妨先调整自己。

【要以平和的心态对待工作和同事】

在很多公司里,因为存在着利益冲突,同事很难成为好朋友。所以,处理同事关系的最好方法是相敬如宾。轻松对待工作,平静对待同事。"宠辱不惊,闲看庭前花开花落;去留无意,漫随天外云卷云舒",即使同事挥出冷暴力的拳头,也要让他一拳打在棉花上,渐渐地,工作关系也就和谐了。

【要做事,先做人】

人的一生都会遇到很多难题,职场中的占其大半。而难题产生的原因有一部分是由于大家太期望于把事情做好做完美,太注重一城一池的得失,而很少意识到人际关系的重要性,没有及时把人际关系处理好。事都是由人来掌控的,与人结为友善,事也就迎刃而解了。

【要让自己更坚强】

工作不是生活的全部,但没有工作,就会缺乏生存的基础。毕竟饭是由钱换来的,而钱又是由工作取得的。工作中往往不是一帆风顺的,困难中势必造就两种人:成功者,失败者。有的人之所以成功无一例外的都是他都要比软弱的人坚强那么一点点,坚持那么一点点。所以如果想让赖以生存的基础更坚固一点,就需要先学会坚强。冷暴力再冷也有春暖花开的时候。

2.新人如何应付"冷暴力"?

在职场中,新人又是最容易遭遇到冷暴力的一类人群。而冷暴力的来源往往都是老员工。他们或者觉得新人没经验,于是对新人视而不见,或者是由于不自信,害怕新人的风头盖过自己,因而采取不理睬的非暴力不合作态度。

职场新人发现公司里的前辈给自己脸色看，明明一起搭档做事，可前辈总是不把自己的意见和建议当回事。刚出校门难免年轻气盛，渐渐地同事之间的鸿沟越来越大。

作为新人，和老员工对着干，虽然能解一时之气，但根本问题还是不能解决。不停地较劲，只能让彼此的关系越来越远。新员工不妨放下身段，积极主动请教老员工，就当“不耻下问”好了。毕竟人心都是肉长的，巴掌不打笑脸人，只要你态度好，前辈就会认真地指导你。你尽力做好每个细节，让前辈看到你存在的价值。久而久之，前辈对你的态度就会改变，他们也会把姿态放低，跟你以诚相待。

《马太福音》记载了人际交往的一条黄金法则：“你们愿意人怎么待你，你们也要怎么待人。”职场新人的诚恳虚心以及忍耐，一定会换得老员工的理解和友善。

职场冷暴力除了来自于老员工，同时还来自于上级，而且危害尤其严重。

作为职场中的管理者，应该充分考虑到被管理者的感受，从而运用更加科学、更加人性化的管理方法。尽管管理者很多时候是无意而为，但是却伤害到了下级。无论是有意还是无意的伤害，对于下级的工作的影响都是非常大的，所以作为上级应该更加谨慎地考虑自己的言行，更加理性地处理问题。毕竟，职场冷暴力会影响上下级之间的工作配合，会影响职场人的工作情绪与工作状态，会极大降低工作效率，给企业造成的损失是不言而喻的。

除了员工之间、上下级之间的职场冷暴力，甚至还有一些企业采用职场冷暴力的方式，逼迫员工自动辞职。

企业为何要这么做呢？这主要是因为，在经济危机的背景下，许多企业面临着巨大的生存压力。按照新《劳动合同法》规定，企业若是主动裁员，公司需支付高额赔偿金，减薪更是要触犯众怒的。如果产生劳资纠纷，企业非常被动。于是，一些企业用职场冷暴力的方式变相辞退员工，使员工的合法权益受到侵害。

对于这种情况，职场人士一定不能手软，拿起法律武器，捍卫自己的合法权益。

员工与单位签订劳动合同，是应该享有劳动权的，单位应该为劳动者提供劳动条件，不得随意变更合同内容。如果构成了违约，员工可以到劳动部门申请劳动仲裁，要求获得补偿或者恢复岗位。

根据《劳动合同法》第 38 条规定，单位未按照劳动合同约定提供劳动保护或者劳动条件的，劳动者可以解除劳动合同。如果单位安排劳动者工作的环境和工作条件恶劣，存在安全隐患或漏洞，有可能给劳动者的安全带来威胁；或者劳动者的工作环境与劳动合同约定的内容不符，劳动者都可以以此为理由提出解除劳动合同。

用人单位随意强行给员工“放假”或“停工”，无疑剥夺了劳动者的工作权利，让劳动者失去赖以工作的基本条件，因此可视为未提供劳动条件。根据《劳动合同法》第 46 条，用人单位应当向劳动者支付经济补偿金。

在劳动合同中，一般有约定工资构成的，例如规定作为销售岗位，一般收入为固定工资加提成，员工有通过劳动获得提成的权利，如果劳动者曾经工作有成效，而公司在有业务的情况下却不给安排事务或很少安排事务，在一定条件下是剥夺劳动者的劳动权利。在法律上，要看有没有构成违约，安排其能力范围内的工作，还要看双方的信任关系是否存在，通过仲裁，如果能够恢复岗位最好，如果不能恢复岗位，则应给出更高的补偿。

你不能改变天气，但你可以改变自己的心情。态度决定一切，面对职场冷暴力，你首先要调整自己的心态。对待工作和同事，要心态平和。要做事，先做人。学会修身养性，凡事向内求。要让自己更坚强、更强大、更可爱。

第二节 加入"圈地"运动

"圈地",自古中外皆有。比较著名的是英国的圈地运动,从15世纪末至19世纪中叶,新兴资产阶级和新封贵族用篱笆、栅栏、壕沟把强占的农民份地以及公有地圈占起来,使大批农民成为一无所有的雇佣劳动者。在中国,清朝初年,八旗子弟入关后发现关内的土地大到他们不敢想象,于是就骑着马,在一定的时间内能跑多少就圈定多少土地,这就叫"跑马圈地"。

进入职场,有如进入了一片辽阔的土地。初来乍到,总有几分惶恐:看到别人在辛勤耕种,却找不到自己你的一亩三分地。英雄无用武之地,怎么办?

答案是:开始"圈地"吧。

【总有新的地等着你去圈】

在当地日报社长达 6 个月的见习校对工作结束后,名牌大学新闻系毕业的张小雨终于如愿以偿,去科教文卫部报到,开始了她的记者生涯。然而,没过几天,她就发现自己成了"没有条口"的教育记者。在这个部门,原先跑教育的三个人分工已经极其周密,女记者黄玲跑中小学,男记者尹周跑高教,这两块都是容易出热点新闻的条口,比如乱收费问题、贫困生问题、提前及独立招生问题、教师的"走穴"及兼职问题,可以用来炒作的东西不少。

张小雨一来,部主任王双燕就主持召开条口重新分配会议,王双燕是老大姐,喜欢扶助新人,便在会上百般"启发",希望黄、尹两人能有点"觉悟",将部分条口匀给张小雨,要不然,带张小雨一起跑,让她挣点工分也行。

王双燕暗示了老半天，黄玲和尹周都装聋作哑，毫无反应，王双燕也没了主意。这也难怪，做记者的，条口就是命根，条口把得牢，采访信息的专属性就强，容易出稿子；而没条口的记者就像水上的浮萍，一天到晚在街上晃，只能抓点突发新闻、即时新闻，也就是说，全凭运气写稿子了，这让人心里多不安定！所以两人即使得罪主任，也决不肯将采访条口匀给张小雨。

王双燕的脸色变得很难看，张小雨急得要哭，但是也没有办法。有道是：人为财死，鸟为食亡。别人也要吃饭啊。

后来，张小雨到底还是没有到别人的碗里去抢一勺羹吃。经济部的赵园是张小雨的同班同学，见她按兵不动，以为她束手无策，就给她敲边鼓：“小雨，这个年代是凭业绩吃饭的，你可不能这样心慈手软。你说，他们把地都圈完了，还霸占着游戏规则：是我的就是我的，谁也别想撬。嘿，这规则是谁定的？熟地儿谁不想要？你呀，谁的脸色也不用看，该撬的墙脚，你就去撬；该圈的地，你为什么不去圈？”

话虽如此，可是张小雨还是希望同事间的关系不要因恶性竞争而剑拔弩张，她不希望她与黄玲、尹周的关系，变成戒备、防范和对峙的关系，谋生谋到“同行是世仇”的地步，这工作哪怕月薪上万，又有何快乐可言？张小雨试着说服自己：看起来这地是被圈完了，但如今这个时代，教育话题如雨后春笋，“大教育”范畴内，怕是还有许多抛荒的处女地吧。为什么非要去抢别人圈定的地？

张小雨仔细观察，耐心接听编辑部的求助电话。功夫不负有心人，一个月后，她在科教文卫部首推“教育话题热线”，主持一个讨论性的版面，触及到读者多有困惑的教育热点问题，如“母亲辞职教子好不好？”“怎样解决艺术教育的玻璃顶问题？”“迷网少年如何断心瘾？”“如何对学龄前儿童进行感觉系统针对性训练”等等。张小雨一下子成了栏目名主持，与黄玲、尹周的报道定位充分错开，三位年轻记者的关系，也由此发生了微妙转折。

黄玲松了一口气，主动邀张小雨一起出去吃西餐，而尹周，现在则成为小雨的“免费电脑维修工”。

“地已被圈完”的焦灼，是很多新人的困惑。职场中，确实有不少新人不择手段，去拼抢资深同事手中的资源，只求抢到半张椅子坐。但这样惨烈地加入生存争夺战还有什么好处呢？试想一想，两个人互相挤对、虎视眈眈，挤坐在同一张座位上，是多么的别扭！与其跟别人抢座位，还不如自己动手去安设更多的座位。

与其花费心思去抢一块别人种熟的地，还不如花这个时间去开拓一块新的地。天地之大，总有新的土地等你去开垦，总有新的领域，等着你去发现。

【要圈子，不要圈套】

张小雨所“圈”的是工作内容的“地”，而人际关系的“地”更大，更要“圈”。

有人群的地方就有圈子。除了亲戚圈、朋友圈、兴趣同好圈……身在职场，最常接触的是工作利益圈，可称为职场圈。圈子里有人脉、有信息、有经验，好像一个无形的场，它的大小和“质量”，关乎你的职业发展。你该如何看待这场“圈地运动”，又该如何经营自己的职场圈？这个问题值得深思。

孔子曾经说过：“君子群而不党，小人党而不群。”你是否是“圈地运动”中的既得利益者，又或者一朝“圈子”变“圈套”，一不小心套死了自己？置身现代职场，君子或小人，差别往往只在毫厘之间。

晓云初涉职场，就被一句话害了——“同事无朋友”。晓云望文生义地想，既然同事无朋友，又何必花费时间去应酬呢？身为新人，羞涩、不自信，晓云每天总是低着头独来独往，不怎么参与前辈们的闲谈和聚会。后来回想起来，晓云才知道自己真是太单纯了，“同事无朋友”其实是说“防人之心不可无”，要有保留地维系关系，而不可教条地做个“独行侠”。即使“逢人且说三分话，不可全抛一片心”，但不要忘记办公室时间占每天生活的三分之一，“职场圈”好似一个无形的场，人脉、信息、经验、秘籍都可分享，你躲避不得。

后来，晓云虽然渐渐有了一些朋友，可他们往往和她一样，也是不善于处理或者说不屑于处理人际关系的“边缘人”：虽被公认为好人，却与升职加薪沾不上边。

可惜，当晓云明白了这些道理时，单位里的“主流圈子”已与她绝缘，只能眼馋地看着别人春风得意。

人脉即是钱脉。要想平步青云,不仅要进入圈子,更要进对圈子。

某公司的某部门有两个头,一男一女。员工自然也分成两派,泾渭分明。女领导的"圈子"中来了个新人,"鞍前马后"表现得特别突出:早上买早饭,中午带盒饭,下班之后还陪同外出逛街购物或者运动健身。有一次女领导牙疼,该新人把她请到家中,请自己当口腔科医生的母亲亲自为她"专家门诊"……如此这般,自然讨女领导欢心。但是男领导对她很看不惯。一年之后,公司发生人事变动,女领导因犯错误被调离,打入冷宫,男领导获得重用,独掌大权。此时,该新人恨得咬牙切齿,打掉牙齿也只能往自己肚子里咽。

【圈子能够带来"利润"】

"圈地运动",是职场竞争的必然产物。职场中人要想站稳脚跟,先生存再发展,除了要有专业和技能的"硬实力",最好还有强大的关系网支持,这是"软实力"。有没有圈子,圈子的大小和质量,标志着一个人在职场中的"软实力"。圈子里的人,可以互通信息、互予机会、互相勉励,共同探讨职场中的各种现象,为困惑者指点迷津,与成功者分享喜悦和经验,进可互相提携,退可互相支撑。

鲁艳萍在人力资源部门工作,是个时髦的"圈虫",她时刻跟圈内人保持联系,还经常搞各种各样的活动。鲁艳萍到公司3年时间,相对而言,她的成长比同期入职的同事快得多。她经营的职场圈,能够帮她在第一时间拿到最新的劳动资讯,而这正是做人力资源工作所必需的;她处理问题的能力也提高了不少,当初那个爱哭鼻子的小女生俨然变成了成熟的职业女性。

这就是"圈地运动"给她带来的丰厚"利润"。在她的职场圈里,有人脉、信息、经验等等。每当在工作上碰到问题,她便向圈子中的朋友求助。甚至只要写几句话挂在MSN签名上,不一会儿就有人热情回应,大家你一言我一语的,"金点子"就来了。接着,鲁艳萍会以最快的速度解决问题,再向领导邀功,这使她在领导心目中印象极佳。

当然,经营职场圈,也是要投入时间、金钱和体力的。双休日消耗在圈地运动上,就没有时间照顾家庭,也没时间进修了。在城市里奔波,来回坐车要花钱，体力上的付出比每天上班还要累。但总体来说，鲁艳萍的圈子还是个健康的圈子，他们在丰富自己的同时，也为社会作了贡献。比如他们到高校里举办系列讲座，为那些即将跨出校园的莘莘学子指点职场迷津，就非常成功。以后这些学弟学妹走向职场，无疑也将成为自己手中的一副好牌。

付出就有回报。圈地圈得好，当然就有利润可赚。

职场自救攻略

【老板圈地攻略】

不要圈老板的地

职场“圈地”有讲究，不要过分在本部门内“圈地”，这样会让顶头上司感到威胁，难免会受到来自上司的挤压。

李华的职场圈子有好几层，其中最为重要的，是他在所供职公司内的圈子。由于公司比较大，平时上班时，大家各自忙自己的事，部门间同事很少能深入交流。为了摸清公司领导意图和了解公司经营情况，一个跨部门的内部小圈子就自然形成了：这五六个人都是基层的骨干职员，分别在营销、财务、后勤等部门工作，大家不定期地轮流做东，以好朋友身份在一起名义上是聚餐，实际上是为交流信息。大家来自各部门，所以“信息汇总”的准确度颇高。结果，李华的言行总能与公司高层的意图合拍，使李华成为上司眼里“拎得清”的人、同事眼里“有眼光”的人。

老板也要圈地

老板们痛恨小圈子，最怕手下相互排斥、互相拆台。不过，最聪明的老板懂得营建“核心圈”，将自己的光芒从办公室内延伸到办公室外。

自幼在美国长大的Jessica被总部派到中国分公司，最初她就深知处境不易：但凡空降主管，往往就像嫁入豪门给人当后母，有现成的婆婆和孩子，上有考验下有挑战，手下有兵却不是自己的，闹不好就会四面楚歌，成为孤家寡人。

不过Jessica却自有一套，把手下的团队打造成一个“快乐大家庭”。她终日活力四射，对人友善，而且豪爽大方，身上散发出温暖可靠、魅力十足的母性气质。加班后她会替大家买啤酒，周末相约一起去K歌，遇上端午元宵这样的中国传统节日，还会邀请家在异地的单身同事来自己家中，品尝自己的好厨艺。

一起工作，一起吃饭、一起喝酒打牌，Jessica 是这个"圈子"里公认的 Super Lady。这完全不同于本土经理们一本正经、缺乏人情味的形象，Jessica 对下属体贴有加、讲义气却又公私分明，"Work hard，play hard"是以她为核心的圈子奉行的原则。下属们崇拜她，也信赖她，而她个人的威信和光芒，也从办公室内延伸到办公室外。

等级分明的职场，圈子与圈子永远不是平行关系，Jessica 的高妙就在于适时打破泾渭，化被动为主动，利用"圈子"拉近了和大家的距离。一改"外来空降兵"常被批评"不能融入本地团队"的宿命，Jessica 的团队沟通异常有效而透明，出色的业绩受到高层的嘉许，其他本地经理既难望其项背，也实在无从指摘。

【异性圈攻略】

阶层是一个阵营，性别则不是。俗话说"男女搭配，干活不累"，同性相斥，异性相吸，有时从异性同事那里得到的慰藉远远超过同性。

自从加入这个著名 IT 公司的非技术部门的第一天，Wendy 就感受到了强烈的孤独感。刚参加工作，一切都还陌生。在这个女性为主的团队中，相貌出众，却又个性直率的 Wendy 并不受欢迎，几个已然自成派系的"小圈子"像一座座坚固的城堡，完全没有接纳她的意思。

眼看着就要面临"社交空窗期"的 Wendy，才不甘心就此沦为墙花的命运。她很快发现，她所在部门的那些强势女生，个个心高气傲，鼻子长在头上，根本不屑于与"老土"的工程师们来往。而实际上，在这个以技术为主导的公司，工程师们才是核心。这样一来，智商不低、容貌不俗的 Wendy，就打定主意要做"蜂后"了。

Wendy 很快和工程师们混得很熟，参加他们的聚会、球赛，和他们一起吃饭、去钱柜唱歌。她很享受这种前呼后拥，混在男人堆里的特别感觉——被人哄着宠着，是友谊还是调情全靠自己把握。其实 Wendy 觉得，选择这样的社交方式对她自己的身心都是有百利而无一害。

Wendy 苦心经营的"圈地运动"也意外地给她带来了丰厚回报：有时在

工作上碰到问题，她会向外部门的“圈内好友”倾诉求助，有人脉、有信息、有经验，来自不同部门之间“信息汇总”的准确度颇高。Wendy的言行总能与公司高层的意图合拍，颇受领导重视，她不再是当初那个青涩无助的小女生了。

“异性圈”圈地指南

不要恃宠而骄，迁就男同事的爱好和安排，你是圈子里的少数，就更要“以德服人”。

要维护圈子的安定团结，和大把男同事相处更要一碗水端平，暧昧桥段尽量避免。

想要更受欢迎，就要注意收集男人特有的词语库，从体育赛事到电子产品到拉风机车，在他们聊得热火朝天时，插一段专业见解，他们惊讶的表情一定让你得意万分。

偷着乐可以，可别在女同事面前炫耀你的圈子资源，你不想成为众矢之的遭受职场冷暴力吧？

【“恶友”圈攻略】

看似一群“恶友”当道：不拘小节，牙尖嘴利。殊不知，这种颠覆了传统朋友观的交友方式，却能把你从冷冰冰的电子讯息和商务面孔中解救出来。

作为一名资深销售，钱菲菲纵横商场、长袖善舞的能力毋庸置疑。不过，骄傲、美丽、多金的钱菲菲也有自己的烦恼：眼见三十将近，读书时的女友纷纷出阁，而自己理想的结婚对象尚不知在何方；面对工作压力和每季度持续上爬的销售指标，内心的疲累焦虑也日渐加重。

此时，公司一纸调令，将她由北京调派到上海总部，面对南下之后的未知生活，钱菲菲既兴奋期待又心存忐忑。没料想，在公司为她举办的欢迎晚宴之后，她就很快在新同事中寻觅到了一帮“臭味相投”的闺密。

年龄相当、状态相近、想法一致——一起Shopping，一起美容，一起减肥，一起研究时尚杂志上的包包和鞋子，一起骂男人，一起骂老板。时而各自去体验个人生活，时而聚众分享新近话题。更有趣的是，她们不但个个“换衣如换刀”，更是牙尖嘴利，不肯饶人，既会口无遮拦相互提醒对方体重的增加，也会在一起嘲笑彼此身边那些不入眼的追求者。

在各尽其责、分工明确的现代职场关系中，许多职员之间已没有绝对的利益冲突。钱菲菲的闺密圈也因此相对"安全"。在她们面前，钱菲菲可以无所保留地放松自己：无论是有关个人职业发展的讨论，还是私密的女性话题，甚至只是单纯的情绪发泄，略带刺激又"不客气"的真心话有时能引起激烈的争论，但把担心露怯、失礼等等价值标准束之高阁，随心所欲的人际状态却可以有效地缓解彼此的压力和紧张。

不似男性习惯把一切"厮杀"摆上桌面，女人们有着自己更为独特且隐秘的侵略方式：制造同性友谊圈，联合其他的女伴，利用情绪压力，孤立自己讨厌的人。在钱菲菲看来，"小圈子"是一个极好的拯救，它能调整工作中那些不够人性的失衡部分，排解压力的同时，亦赋予你一个出口，把你从各种冷冰冰的电子讯息、商务面孔中解脱出来。"小圈子"转移了对工作辛劳的注意力，也淡化了她本身对快节奏生活方式已经滋生的烦腻。

"恶友圈"圈地指南

与"恶友"相处，首先需要一颗宽容之心。友谊要常青，关键在于别学习她们的犀利刻薄，而要仰慕她们个个个性鲜明、能力出众、聪明俏皮。

你们可以成群结队地走出去，但请不要兴高采烈地在办公室里向众人强调你们亲切的友谊。你从来没有义务颠覆任何"传统看法"与"办公室诅咒"，你们要做的只是独自快乐。

别让圈子封闭，当其他同事有意加入，欢迎的姿态和肚量不可少。

世界有多大，圈子就有多小——工作圈从来不是你的全部。八小时之内，留给她们，八小时之外，勇敢地告别，去与不同的人培养新的话题、制造新的绯闻，同样也是为了更好地回归她们。

人是社会动物，不能离群索居。在职场里，要建立并且经营自己的圈子。在圈地过程中，为人处世的原则一样有效。利己利人，成人达己，自私自利者最终没有好下场。

第三节　职场无间道

在《无间道》系列电影中，梁朝伟、刘德华两位天王演绎了一场江湖中的无间道，引起了人们对人生的种种思索。两个身份混乱的男人，他们分别为警方和黑社会的卧底。他们决心离开这个不辨是非的处境，离开无间地狱，寻回自己。刘健明（刘德华饰）是香港黑帮三合会的会员，十多年前，他听从老大韩琛（曾志伟饰）的吩咐，加入了香港警察，做黑社会卧底。在韩琛的帮助下，健明在七年后有望晋升为见习督察。陈永仁（梁朝伟饰）被警察训练学校强行退学，秘密执行渗透进三合会的卧底工作，而他的老大恰恰就是韩琛。在一宗毒品交易中，黑白两道的行动均告失败，暴露了双方都有卧底潜伏的事实，陈永仁和刘健明的无间道旅程接受着严峻的考验……

什么是无间道？

所谓“无间”，字面意思是没有间断、永无休止，其实这个词出自佛经，指的是无间地狱。所谓“道”，有一个特征就是一旦陷入，就很难自拔！据说，被打入无间地狱的，都是罪大恶极的人。他们在无间地狱之中，永远没有任何解脱的希望，除了受苦之外，绝无其他感受。无间地狱极大，广漠无垠，打入地狱的阴魂，无法脱出，永远在地狱中受苦，作为生前穷凶极恶的报应。

为了生活，人们四处奔波。那么，职场中也会有无间道吗？

有意思的是，有一部西班牙电影被翻译作《职场无间道》，故事围绕七名公司应聘者展开。虽然并不是什么了不起的职位，面试过程却苛刻至极，在最后一轮面试中，七位候选人被集体安排在一间会议室里，根据电脑提示来完成相应任务：找出假扮应聘者的观察员，选举一个团队带头人，决定其他成员的去留……求职者经历了互揭疮疤，互相攻击，面试官混在求职者中观察他们，还有摄像头在暗中监控，不仅侵犯人权，而且对人极尽侮辱。

电影毕竟是电影，为了表现的需要，总是要有所夸张。但身在职场，难免牵扯到一些是是非非，往往触及到道理底线，甚至会引起人性的变化。

【职场里有没有"好人"和"坏人"？】

在电影里，观众可以很轻易地给剧中人物贴上"好人"、"坏人"的标签，在现实的职场中，可不就那么简单了。

白玫刚参加工作，打电话给在职场磨砺多年的表哥："职场好复杂啊！我是新手，怎样才能擦亮眼睛，去识别哪些是好人，哪些是坏人呢？如果好人坏人没有分清，岂不会很危险？"

表哥呵呵一笑，说："你怎么就肯定职场中一定有好人、有坏人呢？如果职场没有好人和坏人之分，你不就不用费这种心思了？"

白玫不相信："社会中都有好人坏人，职场中怎么会没有？你混迹职场这么多年，不知道是怎么混的？"

关于如何识别好人和坏人，在《论语》中有这么一段：

子贡问曰："乡人皆好之，何如？"子曰："未可也。""乡人皆恶之，何如？"子曰："未可也。不如乡人之善者好之，其不善者恶之。"

翻译成白话文，大概意思是这样的：子贡问孔子："假如有这么一个人，周围的百姓都说他好，都喜欢他，那么这个人怎么样？"孔子说："这还不能肯定。"子贡又说："假如大家都说他坏，又怎么样呢？"孔子说："这也是不能肯定的。百姓中的好人都喜欢他，百姓中的坏人都厌恶他，这样的人才能称得上真正的好人。"

孔子的话似乎冠冕堂皇，但细一琢磨，还是让人丈二和尚摸不着头脑。孔子认为，必须"好人"喜欢而"坏人"厌恶的人才称得上"好人"。那么喜欢好人的"好人"，又该如何判定呢？所以，标准都无法确定，实际生活中好人坏人更不是那么容易就判断出来的。

在职场中，如果你听别人说某人好或者某人坏，千万不要轻易相信。

为什么？因为职场里的利益矛盾集中，人与人之间的关系复杂多变。假如A和B关系很铁，好得就像穿一条裤子，那么在B的眼里，A绝对是个

好人。而如果A和C互相钩心斗角，那么在C的眼里，A绝对又是个混蛋。说不定哪一天，A和C成了朋友而和B结了仇，A在B和C的心目中又会是另外的形象了。

职场中人与人之间的关系，取决于自己对他人的感情和期许。某一天，你在路上恰好碰到两个人，其中一个是自己的下属，另一个不认识。如果他俩都和你形同陌路，擦肩而过，你心里是什么滋味？你根本不会在意自己不认识的人不跟自己打招呼，而自己的下属不和自己打招呼，就有可能惹恼你了。

同样都是不打招呼，感觉却截然不同，为什么？这是因为，你对这两个人的期许不一样。在你的心里，很可能时不时地在等着下司的招呼，而他没跟你打招呼，你就会认为他不尊重你，甚至会对他的为人有看法。你对不认识你的人没有期许，他没打招呼你不认为他有什么问题；而你对下属有了期许，他又没达到你的期许，你就认为他有"问题"。

再比如，某领导或某同事帮助过你，有恩于你，那么，不论他对别人怎么样，你往往都会认为他是一个好人；而如果某领导或某同事打击过你，和你有怨，那么不论他在其他事上做得如何公允，你往往都会认为他是一个坏人。好人和坏人在某一个人的心中是有标准的，但对于大众来说，又是谈不上标准的。

所以说，职场中有好人也有坏人，也无好人也无坏人。你在别人的心中是好人或是坏人，别人在你的心中是好人或是坏人，很大程度上取决于你们之间的利益关系。好人还是坏人，都不是恒定的。

总而言之，在职场中，人的好坏是很难区分的。不是你没有分辨能力，而是根本没法区分。所以，在职场中谋事，千万不可轻易地把身边的人分类成"好人"、"坏人"，更不必刻意地去亲"好人"疏"坏人"，那样既不利于工作，也会导致自己吃其他的亏。

职场自救攻略

【不是每个同事都能成为朋友】

还是那个白玫，工作了一段时间之后，又打电话给表哥，哭哭啼啼地抱怨现在人心涣散、世风日下。表哥说:"你肯定遇到什么事了吧?就事论事,别一棍子把天下人都打趴下了。"

原来,由于白玫性格外向,乐于助人,深得同事们的喜欢,结交了不少好姐妹。其中一个叫庆香的女孩,和她无话不谈,成了莫逆之交。不管上班还是闲暇,两人形影不离,甚至连各自男友发来的肉麻短信,都要共同分享。但令白玫意想不到的是,这么好的好朋友,竟然为一件小事翻了脸。

说起来,事情其实很简单。最近热播了一个电视连续剧,白玫是男主角的忠实粉丝,而庆香却不喜欢他。晚上,白玫非要看这部电视剧,每看到男主角出场,还都要啧啧称赞一番,作顶礼膜拜状。这时,庆香就老大不高兴,开始,只是露出不屑神色,嗤笑白玫没品位什么的。白玫认为庆香口出此言,只是朋友之间的调侃,并不以为然。谁知时间一长,庆香的态度越来越强烈,发展到白玫在她宿舍看电视时,就拿遥控器关电视,说你要看回自己宿舍看,别在这里烦我。白玫心里不痛快,就回了几句。没想到,以此为导火索,两人大吵起来,顷刻间,密友成了仇人。

自从吵了一架,庆香再也没有和白玫重归于好的意思了。不但不想和好,而且还在外面到处说白玫的坏话,说她如何如何得瑟,如何如何烦人。白玫听后气得不行,又没处说去,就只好打电话给表哥倾诉。

白玫的遭遇,对于刚入职的职场新人,特别是女新人,基本都会碰到。和同事关系处不好,问题出在哪里?出在很多人混淆了同事、朋友、密友、知己这四个角色。以为同事加上两三句话就是朋友,甚至是密友或者知己,在没有完全了解对方之前,就恨不得把自己的心掏出来给对方看。在这种情况下,如果对方并不适合做你的朋友、密友和知己,一旦出现摩擦,不免让你感到极其失落。心里认为,我对他(她)如此真诚,他(她)为何对我如此绝情? 甚至认为对方的人品有问题,感觉自己受到了愚弄。

职场上的同事关系是客观存在的,是不以自己的意志为转移的,而朋友、密友和知己,却完全可以由自己精心选择。那么,这四种角色大致如何区分和定位呢?

同事,是工作关系,是受命于单位一起共事的。各人有各人的职责,各人干各人的活,各人挣各人的钱。当然,同事之间也要合作,但这种合作,基

本上是出于工作职责所需，里面并不预定了个人情感。

而朋友，是脾气相投、互相合作比较默契的同事。职场上的朋友，还是以工作为主，只不过在工作范围内可以交心，互通有无。一般情况下，也不怎么涉及个人私生活，即使上班时间关系很好，下班以后各回各的家，也不怎么交往。

密友是朋友中的好朋友，不仅在工作上互相配合，互相支持，而且在个人生活上也是互相关心，互相帮助。密友之间，不仅要脾气相投，还要有共同的人生观、价值观，对人对事的看法容易取得一致。

知己，就比较难觅了，一生中有一知己足矣。知己算是密友中能够和自己共荣辱、同进退的朋友。但知己之间的交往又往往淡如水，平时关系看上去并不十分亲密，讲究的是与其“相濡以沫，不如相忘于江湖”的境界。

所以对职场中人来说，不要急于在同事中寻找朋友、密友和知己。给自己足够的时间，对同事们有了相当的了解之后，再去作进一步的交往比较妥当。千万不能被一时的热情所惑，几句话，就把普通同事当作了朋友甚至密友。

弄清楚这种种角色，在职场中交友就会少很多不快。

【对不起，我是卧底】

那一年，怀着青春的激情和对成功的渴望，陈平只身闯荡传说中遍地黄金的深圳。然而，现实总是残酷的。辗转数日后，终于谋到了一个小差事，美其名曰：电脑技术师。正当陈平雄心勃勃，捋起袖子准备大干一场时，出人意料的一幕发生了。

一天上午，公司一副总将陈平叫至办公室，说有要事相谈。陈平很激动，以为领导要重用自己。领导夸奖了陈平一番之后说：“现在公司急需外派一部分员工去别的公司上班，你是个很不错的人选。你放心，工资照发，而且你还可以在别的单位另外获得一份工资。”

陈平非常纳闷：公司出钱，差遣自己去为别的公司做事，简直是滑天下之大稽。还是老板助理为陈平一语点破天机：原来，公司要外派陈平到竞争企业里去做“卧底”。

陈平大吃一惊，顿觉不妙。这时，公司副总便开始步步引诱，郑重其事地承诺说："你已是公司的正式员工了，卧底只是短期打工行为，只要干得出色，回来后就直接提拔你直升部门经理，而且，在别的公司任务也相当简单，你只需每天及时汇报对方的运营机制、管理方法或者各款电脑的销售价格变化等简单信息就行了。"鸭子被赶上架，陈平受不了诱惑，还是走马上路了，揣了份简历去其他电脑公司应聘。

三天后，陈平如愿在另一家品牌电脑的兼容专卖公司谋到了一份相同的差事，卧底生涯正式拉开帷幕。

初当卧底，陈平还适应不了新角色，每天只知道钻研各种业务技能，而且进步甚快，过了一些日子，竟然屡次赢得了新老板的表扬。这时原公司的老板不乐意了，三番五次派人来叮嘱陈平，别光顾拼命工作，要尽快搞到情报。无奈，陈平不得不投身到情报搜集工作中去，有事没事地就到各部门去走一走串一串，打听一些有用的问题，然后归纳分析，整理完毕后再一并传真给原来的公司。为了早日爬上部门经理的宝座，陈平屡次冒险去偷听新公司的股东高层会议，险些被识破。有时候一天下来，如果没有好的"收成"，陈平便发一些数据回原公司，比如，当日售出电脑的数量，CPU、硬盘、主板等零件的报价以及组装机与品牌机的不同差价等，好让老板知道自己在乖乖地按照他的计划行动，没有丝毫懈怠。

当卧底是见不得阳光的，无异于小偷或者抢劫犯。陈平有时候想想也很纠结：新公司对自己那么好，又是奖金又是福利，自己却偏偏要暗地里使坏，实在是缺德。有时候也会自我安慰，人为财死，鸟为食亡，为了使自己能够生活得更好一些，偶尔做点不光彩的事或许也是正常的吧。一个部门经理的职位摆在一个热血青年面前，谁能熟视无睹、视若无物？

没想到，三个月后，戏剧性的一幕又上演了，新公司的领导竟然也派陈平去做卧底。陈平心中仅存的最后一点美好希望还是没逃过被毁灭的厄运，突然觉得自己的尊严被戏弄了，十分失落。

心灰意冷，陈平回到了原来的单位。但由于陈平并未经得领导首肯就打道回府，属擅离职守，老板非常不满，结果直升部门经理的承诺也就化为乌有了。

何去何从？这是一道现实的生存命题。走，很容易，但为了生活，谁能保证下一个驿站自己不会成为另外一种“恶棍”？留，也不难，老板说了，乖乖地听话，继续卧底，下一任部门经理还有希望。就这样卡在理想与现实的夹缝间，陈平突然觉得窒息。陈平决定不能再这样下去了，卧底一定要到此为止。浑身年轻的血液沸腾起来，他铿锵有力地对自己说了一句电影台词：“对不起，我是卧底！”

像陈平这样在职场中扮演双重角色的人不在少数。商场如战场，商业机密对于商家来说，是一个永远的痛。2009年，“力拓间谍门”事件牵动了商家的神经，关于商业机密和竞业限制的话题又浮出了水面。涉及国家利益的商业机密，有国家安全部门行使职责；而普通企业的商业机密被窃取，则需要商家主动维护自己的权利，他们又有什么方法防范呢？那些无所不在的商业“无间道”，令商家对用人慎之又慎，注重招聘、聘用和辞退各个环节对商业机密的保护。因为，员工泄密不可忽视。

《劳动合同法》第23条规定，用人单位与劳动者可以在劳动合同中约定保守用人单位的商业秘密和与知识产权相关的保密事项。

所以，企业要同涉及企业保密范围的员工签订保密合同，约定员工离开企业后的竞业限制补偿费，以及员工不遵守竞业限制所应承担的责任和补偿费。

老板们不遗余力保护企业的商业机密，但是企业的员工对于商业机密未必都有那种主人翁意识或是警惕意识。对于某些握有重权的中高层管理者来说，商业机密甚至是他们挟持老板的一种手段。若老板不能满足他们对升职或薪酬的要求，他们就有可能做出对公司不利的事。

对于严重依赖知识产权的企业，老板对于中高层管理人员心态很矛盾：到底是把机密分配给多一些的中层管理人员呢，还是只让个别高层管理人员知道。如果只让个别高层管理人员知道，他们一旦跳槽，企业业务就瘫痪了；如果让尽可能多的中层管理人员知道，人多嘴杂，又不知道到底是谁最后泄露了公司的机密。因而，对于老板来说，保护商业机密的一个重要议题就是激励士气、挽留人心、瓦解对手公司的策反。

老板们要与员工保持和谐的雇佣关系。不可忽视员工对于公司的不满，更不可忽视员工对公司的集体诉求，维持和谐的劳资关系，建立员工对企业的忠诚度，才是保护商业机密最根本的举措。

职场是不是无间地狱，关键在于自己的选择。只要你远离是非，身正不怕影子斜，职场也能成为你快乐的天堂。

第四节 谣言缠身，越描越黑

李亮年轻有为，大学本科毕业没几年，就已经成为某大型外资公司的研发经理。企图心旺盛的他，把大部分的时间精力用在工作上，其表现深受上司的肯定。但他从不因为少年得志而骄傲，相反，他总以极大的热忱去协助工作伙伴，并尽最大的努力把工作做好。

然而，公司竟然莫名其妙地出现了一些谣言，说他为人狂傲，对同事不友善，难以相处。结果连总经理都亲自下来考察他。虽然他最终通过了总经理的考验，让谣言不攻自破，但李亮还是不知道自己到底做错什么？得罪了谁？他感觉很受伤。一直很努力工作及支持伙伴的他，一时之间对人性充满了怀疑，不由得心生了离职的念头。

【"嗒嘀嗒，小喇叭开始广播了。"】

谣言的历史几乎与人类历史一样悠久。自古以来，谣言就从来没有被消灭过。无论你愿不愿意，你都无法躲开谣言。

"嗒嘀嗒，小喇叭开始广播了。"职场里不乏喜欢听信谣言、制造谣言和传播谣言的人。这些人完全不理会什么是事情的真相，只要有传播的价值，他们便会毫不保留地成为小喇叭，甚至可以无中生有。比如，同事离职，他

们就说离职者是因为被收买、人格问题、被人家催眠、没有道德等等。他们很喜欢用传播谣言的方法向身旁的伙伴下毒，影响周遭的人。在职场中，这种人唯恐天下不乱。

在这个信息灵通的社会，你可千万不能小看这些“小喇叭”，万一你招惹了某个口无遮拦的嚼舌者，很有可能就会被搞得名声扫地。那么，万一遇到这种人，该怎么办呢？

对于这种人，最好的办法就是敬而远之。你最好要注意的一点是，尽量不要在办公室谈你的私事，因为这种喜爱搬弄是非的人最喜欢探听他人的隐私，你的私事当然会是他们的第一手素材。他们充其量只是个小人，还达不到恶人的程度，所以你用不着对他们如临大敌。如果他把矛头指向你，对于一般的谣言，记住“清者自清，浊者自浊”，不必理会；对于过分的谣言，完全可以告上“公堂”，谣言很多时候已经构成诽谤，诽谤则可能侵犯了你的名誉权，不能坐视不管。

人都是有劣根性的，除了远离“小喇叭”，还要避免自己一不小心变成了“小喇叭”。要学习守口如瓶，尤其在一些与同事私生活有关的话题上。记住，滴水可以穿石，在关键时刻你必定会意识到同事们的信任有多么宝贵。如果你极其热衷于传播一些低级趣味的流言，至少你不要指望旁人同样热衷于倾听。道不同不相为谋，那些同事迟早会对你避而远之。

【散布小道消息：长了面子，丢了位子】

所谓小道消息，是指通过非正式渠道传播的消息。小道消息跟谣言有所不同，因为很多小道消息是确有其事，但却是未经公布的内部机密，一旦传播，在员工的交头接耳中迅速扩散，形成一种舆论，对工作和办公室环境没有好处，甚至还会影响人际关系，阻碍个人的发展。

莉莉在总裁办公室担任行政助理。由于经常跟公司高层打交道，参加各项会议时做会议记录，所以她总能够较早得知公司的一些重大决定。

午餐时，各部门同事常常聚在一起交流信息。因为莉莉掌握着公司的最新动态，自然而然她就成为了众人的焦点，所有的人都想从她这里得到最新的消息。她很喜欢这种感觉，自认为很有面子。而且，她也热衷于乐此不疲地将公司尚未发布的一些消息公布给大家。

因为其他部门的一些同事经常来打听最新消息，莉莉也担心自己透露出去的消息会招惹麻烦，总忘不了交代他们千万别传出去，可是没有不透风的墙，这样的小道消息总是散播得很快。不过，因为大都是些无关紧要的事情，所以也未引起重视。

这天，有一个人问莉莉："莉莉，上周总裁开会说要进行人事改革，你知不知道哪些人要发生人事变动啊？"

面对询问，莉莉想到上次开完会，总经理特地关照：这件事影响很广，在公司发布消息之前千万不能透露。所以，莉莉摇摇头，说："抱歉，这是机密，我不能说。"

同事见状，苦苦央求道："你可是总裁跟前的大红人，天天都跟高层打交道，还有什么机密是你不知道的。这事对我生死攸关，你就帮帮忙告诉我吧，我肯定不告诉别人！"同事一把鼻涕一把泪，非常诚恳。

莉莉有些为难，想着平日的风光，最后还是禁不住同事的苦苦哀求，把公司人事变动的事项抖露了出去。

后果不堪设想。由于莉莉泄露了公司机密，给公司进行人事调动带来了巨大的困难，许多人由于事前得到消息产生情绪波动，甚至进行抗议，使整个公司陷入被动局面，花费了大量人力物力才稳定了局面。

再后来，公司彻查泄密者，喜欢通过散布小道消息来增长自己在同事中地位的莉莉第一个被公司开除。

莉莉丝毫没有意识到自己散布的小道消息将对公司产生什么危害，反而肆无忌惮地利用职务之便，抬高自己在同事中的地位。聪明反被聪明误，最终，莉莉落得了既被同事利用，又遭众人唾弃的结局。

散播小道消息是职场生存的一大禁忌。永远没有人会对一个口无遮拦的饶舌者以诚相待。

职场自救攻略

【如何应对职场谣言】

试图远离或不负责任地散布、传播谣言都不是对待谣言正确的态度和行为。以下是如何应对谣言的一些建议。

1. 首先要正视谣言的存在。许多谣言都会对个人或组织产生重要的负面影响，谣言流传的时间越长，经过的渠道越多，传播的范围越广，造成的影响就可能越大。作为职场中人，试图逃避或者听之任之都是不明智的。当然，也没必要惧怕谣言，谣言终归是谣言，永远也不可能变成真理。“谣言止于智者”，只要采取正确的策略和行动，谣言终会烟消云散。

2. 作为领导者，要想办法弄清事情的真相。“无风不起浪”，即使是谣言，也一定会有其产生的深层次原因或生存和传播的土壤。谣言虽然不代表真实，便它却是许多问题和危机最初的迹象表现。如果你善于观察和分析，你完全可以从谣言看到其背后存在的问题，并尽早采取应变措施。领导者要通过有效的沟通向组织成员说明事情真相。

3. 如果办公室同事散播你的谣言，将矛头直接指向了你，你不必惊慌失措。如果谣言会对你构成大的伤害，当然要站出来予以反击，维护自己，不然谣言会迅速加倍放大。但是，反击也要讲究策略，要知道，事实是最好的还击。在真相一时难以辨明或暂时找不到有说服力的证据时，要懂得沉默是最好的反击。如果是一些无关紧要的芝麻小事，不妨漠然视之。要知道，有些事情会越抹越黑，大张旗鼓地辟谣反而会加剧谣言的不良影响。保持沉默倒是上策，浊者自浊，清者自清，过不了多久，谣言自会随风而逝。

【切莫轻信小道消息】

郭先生是某国企的部门经理，因为国家政策调整，最近企业内部变动不小。据说，公司将会选拔一位新的副总。郭先生有一个好朋友，担任公司总经理助理，因为职务关系，往往能比别人更早了解到公司动向。

某日闲聊，这位担任总经理助理的朋友无意间说公司高层对郭先生的工作非常满意，董事长和总经理都曾不止一次地称赞他，基本可以确定这次副总提拔的人选就是郭先生。

表面上，郭先生连连推辞，故作谦虚，心里却信以为真。因为这位朋友向来消息灵通，很少出错。此后，他更加留心观察公司高层对自己的态度等蛛丝马迹，种种迹象似乎都在印证朋友的说法，所以他心里乐开了花，在人面前也难免露出春风得意的神态，显示出一副副总的派头。

小道消息在企业里传开了，很多人都知道郭先生就要当上公司的副总,前来拉关系、套近乎的比比皆是。

但是没过多久,公司宣布由另一位部门经理出任副总职位,郭先生竹篮打水一场空,空欢喜一场。由于心理落差太大,郭先生觉得心里不平,甚至激动得去找总经理谈话理论,还在同事面前抱怨公司对自己不公,结果同上司闹得十分不愉快,原本在上司心目中的好印象也荡然无存,以后的晋升之路更加坎坷。

郭先生的脸上再也不见得意之情,原本巴结他的人也都转而讨好被提升的副总去了。无论走到哪里,他仿佛都感觉到别人嘲笑的目光,感到背后有人在对自己指指点点。

郭先生认为现今的尴尬局面,是因为担任总经理助理的朋友将假消息透露给自己而造成的。两人原本不错的关系变得非常糟糕,从此你走你的阳关道,我走我的独木桥,老死不相往来。

不难看出,郭先生轻信小道消息造成如此窘境:心理失衡,与上司关系被弄僵,被同事戳脊梁骨,还失去了一份多年朋友的情谊。可以说,无论在工作上还是个人感情上,都受到了严重损失。而这一切的起因,就是因为朋友谈了自己的猜测,而郭先生也信以为真。

有人的地方就有小道消息。作为职场人士,对待小道消息应当采取谨慎的态度,不可不加判断地轻信,不可自作聪明地当真,否则,只会让自己陷入被动。

在职场中,流言蜚语、小道消息是避不开的陷阱,一句玩笑话或许无伤大雅,但被别有用心的人利用,就可能变成终结个人职业生涯的炸弹。

不要轻信谣言,不要人云亦云,更不要添油加醋。

第五节　卷入职场政治

政治是什么？古人云："政乃众人之事，治乃管众人之事。"而"政治"一词一旦与"职场"纠结在一块，就很难准确定义了。"职场政治"不但难于定义，也令人费解，不易把握。可以笼统地认为职场政治是职场内各种经济关系的总和。所谓"天下熙熙，皆为利来；天下攘攘，皆为利往"，职场政治游戏中的各方虽然都有着各自冠冕堂皇的理由，但是利益和资源才是他们的最终目标。人与人之间的关系无非是对资源的占有和分配关系，围绕资源安排所形成的心理契约、势力范围、影响力、指挥链、习惯与传统等等，其实都可以归到职场政治的范畴中。

【职场有政治，新人须谨慎】

对于初涉职场的职业新鲜人来说，随时可能出现的复杂的"职场政治"，是摆在他们面前的一道职场交际难题。在是与不是、能还是不能之间，职场新人要做出无数次"艰难"的选择。那么如何完美而准确地作出职场政治选择，也就成了考验这些职场新鲜人的头等大事。

23岁的可瑞毕业于南京一所名牌大学广告专业，现在广州一家大型广告公司做策划。因为她头脑灵活，年轻时尚，生活中接触到的新潮前卫的东西已经无形中在她的脑海里形成一股潜在的意识流，所以在她进入公司后承接的第一个项目的策划会上，可瑞便锋芒毕露地提出了自己的理解和创意，举座皆惊，连老总也频频点头。在最后的表决中，老总连想都没有想就认定了可瑞的创意，直接作为最终作品给了客户。

历练了几个月后，可瑞的好几幅作品都有幸被老总钦点，一时间她自己也开始飘飘然起来。但是，一件令她意想不到的事情发生了：一次，老总去大连出差，在公司例行讨论会上，部门十几个同事竟然一致反对可瑞的策划，而她自己并没有觉得自己的策划有什么不妥之处。反对呼声之高，着实把可瑞吓坏了，令她大惑不解。最后的结果是另外一位已在公司工作好几年但水平确实不怎么样的老手打败了她，临走时他们还留下了这么一句话："谁让你爱出风头。"

俗话说，树大招风。初涉职场，究竟是"锋芒毕露"还是"深藏不露"好呢？可瑞迷惑了，其实她还不知道，自己已经在不知不觉中，陷入了职场政治的是非之中。

【高级白领亲历残酷的职场政治】

萨芬，38岁，单身，用了近10年时间做到了一家外资时尚品牌的营销总监的位置上。

萨芬自认为爬得比较慢，爬得比较笨。年轻的时候想得很简单，工作的头几年，心思都花在谈恋爱上，认为女人自己工作无非是挣钱买花戴，后来慢慢发现男人靠不住，才知道自己的事业也要争取。

26岁那年，经历了争吵、离家出走、分手、辞职、生病等一连串的事情之后，萨芬突然开窍了。在此之前，她在一家世界500强的医药公司做过一个没心没肺的快活小文员，在家赋闲储蓄快见底的时候，这家公司录用了她。之所以选中这家公司，是因为公司名气大，而且萨芬一直用这家公司的化妆品。

到了这家公司入职以后，萨芬才算见识了什么叫职场政治。在这种公司，女人多如牛毛，而女人是天生的政治家。三个女人一台戏，公司300个女人，天天不知道要有多少台戏同时上演。惹是非，传八卦，咬耳朵，斗心眼，比漂亮，show男人，抢客户，不一而足。

萨芬发觉香港电视剧《金枝欲孽》简直可以当职场教科书来看，对号入座非常贴切。在后宫斗争中，一群女人为了得到荣华或宠爱，彼此较劲，表面上姐妹相称，背地里玩弄阴谋。她们都是女人，不便亲自动手害人，所以她们的争夺往往要通过男人来实现。皇宫里面男人无非是皇上、太医和太监。在这个职场里，皇上就是大老板，每个女下属都想取悦他；太医就是公司那些男性高管，女职员有时得通过太医才能向皇上传递信息，有时候笼

络到一个偏爱你的太医，他甚至可能向皇上谎报你已经怀了龙胎(取得特别好的销售业绩)的消息，替你争功邀宠；太监就是女职员周围的 gay，在萨芬这一行里 gay 特别多，很多设计师、色彩造型师、化妆师都是 gay，他们往往也会跟萨芬她们成为姐妹般的朋友和工作伙伴，时而亲密，时而嫉妒，以某种独特的形式参与到职场政治中来。

部门里有个姑娘叫叶丽，比萨芬小两岁，一直把萨芬当假想敌。整个部门一共 20 多人，论资历和能力，萨芬和叶丽是公认比较有升职潜力的人。换句话说，如果当时的部门总监高升或者离任，接替他的人选应该就在这两个人之间产生。

叶丽跟萨芬表面上还算和平，在一间办公室也有说有笑，但总有一些小小的暗刺在两人的合作中似有似无地存在。比如，部门的销售推广活动，如果是由萨芬牵头负责的话，在部门征集方案的会议上叶丽往往一言不发，但等萨芬把草拟的方案上呈领导并抄送同事以后，叶丽像突然想到什么似的，会给领导补发一封邮件，表示方案里有些环节可能操作起来有难度，然后提出一些合理化建议。又或者，由萨芬负责的一些大客户，叶丽会找到合适的时机，在领导面前无意地提起某个客户跟她其实很熟，关系很好等等。

叶丽是江西人，家里条件不好，她身上有一种铆足力气争上游的架势。在客户面前，她常常比萨芬更放得下身段，也更懂得利用自己的女性优势。有一次她约一个客户工作之余去酒吧，喝醉了，然后给萨芬打电话，“萨芬姐，我在新天地喝高了，你快来救场哦……”

萨芬把她送回家，她酡红着脸跟客户娇笑不止，一副关系非同寻常的样子，客户孙先生看看叶丽，又看看萨芬，显然很尴尬。原来，孙先生是萨芬的客户，而且是优质客户之一！

回家的路上，叶丽趁醉跟萨芬说起，孙先生为人如何地道，新近又跟老婆离了婚，实在是个不错的金龟婿人选，语气很掏心窝子，仿佛真当萨芬是老姐，又仿佛她约孙先生不是出于要抢客户，而是出于男女之情。萨芬面无表情地坐在出租后座，叶丽满脸的酒气混合着香水味道阵阵袭来。萨芬怀疑她今天晚上的一切，不过是演戏，是一种示威。可就在这时候，叶丽吐了，先是摇下车窗,然后又叫司机停车,冲到路边狂吐不止,眼泪把睫毛膏都弄花了。

不出所料,几个月后,孙先生成了叶丽的客户。但他始终没成为她的男朋友,他依然稳定出单,成为了她的优质客户之一。

萨芬感慨,职场政治有时候不是传说中那么明显,有时候是杀人不见血,或者杀人于无形的。而高层的动荡,底下人往往都不知道发生了什么,表面一团平静,一个星期之间,高层内部的交接换血就完成了,然后底下人做出各种各样的解读:辨别派系,猜测利益,说到底都是根据答案去找原因。

后来,萨芬成了部门总监,叶丽嫁了个有钱人,回家当全职太太了。叶丽结婚时,萨芬送了份大礼。敬完酒,叶丽跟萨芬轻轻拥抱了一下,说:"萨芬姐,我会想你们的。"那一刹那,萨芬还真觉得她俩曾经是姐妹,甚至特别真诚地心酸了一下。

职场自救攻略

【职场政治常见表现形式】

1. Grapevine:像葡萄藤般传播的传闻/小道消息

信息在公司内迅速非正式传播的过程。这些信息可以通过口头、电子邮件,甚至是文字形式传播。在很多公司里,新闻、谣言、闲言碎语,还有各种信息可以在很短的时间内传到几百或几千个职员的耳朵里。

2. Brown-nosing/kissing up/sucking up/kissing ass:拍马屁

与老板、上层管理人员或任何握有权力的人过于亲近,为了讨好他们以获得类似于提拔或多分红利之类的好处。可是,在很多情况下,其他的员工比这些拍马屁者更有可能获得这些好处。

3. Back-biting:诽谤

在背后诋毁别人声誉或对别人的工作做出不公正的批评。

4. Gossip:闲言碎语

对不便于传出的事情的闲谈,往往有失客观性。谈论的对象可以是个人,一个集体,或者是公司事务。内容可以是与工作有关或者是与私人有关。

5. Rumors:传言

与闲言碎语相近,但比较起来更多是建立在一些事实或半事实的基础上。

6. Rumor mongering:散布谣言

不怀好意地散播谣言。

7. Cliques:小集团

一组员工因共同的信仰、兴趣或性格而集结在一起。他们通常排斥那些与他们格格不入的外人的加入。

8. Scandal:公众丑闻。

那些先前被隐瞒的有损于公司或员工的秘密后来被曝光。

【驾驭职场政治五大规则】

弱肉强食,党同伐异,这些事情每天都在职场中上演。当今社会,职场政治已经成为商业世界无法回避的潜规则,若不加以适当的控制,玩弄职场政治会带来消极的影响;反之,若妥善处理,职场政治会促使工作更为圆满顺利地进行。职业人如果想在事业上有所成就,就必须掌握并善于利用职场政治的积极规则,为自己在职业生涯中铺平道路。

那么如何掌握并利用职场政治的积极规则?不妨可以从以下五个方面着手。

第一,必须搞明白企业里谁是关键人物,并与之建立伙伴关系。首先,大凡权力斗争,第一个倒霉的就是没背景的,并不是你得罪了谁,而是这样的人符合替罪羊的首要条件,牺牲你一个,紧张局势会有所缓和,且不会给双方带来任何后患。俗话说“大树底下好乘凉”,你要选择属于自己的大树,但又不能同时在几棵大树下乘凉。否则,他们之间有利益冲突或者关系不和,你必然是首当其冲的牺牲品。但是,若是保持良好的伙伴关系,晋升之路也就顺畅多了。

第二,与同僚建立协作关系。首先,要做一个受欢迎的人,并不是一件容易的事情。职场上的文明礼仪反映了个人的基本修养。不能仅仅为了在岗位上受欢迎而戴上“假面具”,在岗位上很刻意地面带微笑,应当把个人的基本素养自然地、本能地带到工作岗位上,在岗位上以一种平和、积极的心态对待工作和他人。其次，不能闷声不响，也不能太锋芒毕露，不能让他怀疑你的能力，也不能因为才华的显露而遭遇妒忌；不在办公场所谈私事，人前人后不要说人是非，尊重同事的兴趣和爱好，不将个人好恶带入职场，注意经济上的细节往来。

简言之，职场交往需要把握好人际关系的细节，掌握好与同僚交往的"度"，否则，"小鞋"就可能将毁掉你的前程。

第三，了解公司的战略目标，并想办法参与其中。一般情况下，公司的战略目标决定着整个公司的前途命运，是否参与到其中，对于你在公司的位置、晋升速度等都有着非常重要的影响。参与到关系公司命运的大环境中来，你才能变成真正意义上的重要人物，成为不可替代的人，才能被关键人物列入晋升候选人名单，最终得到升迁。

第四，行为举止职业化，会策略性地解决冲突。职业化是职场人必须经历的过程，它会让你逐渐符合你所从事岗位的所有标准，能够极大地发挥职位的作用，而且能将与职位不相符的"枝节"全都去掉，方便更好地实现自我价值，让领导更快地体会到你的重要，进而得到晋升的机会。其次，职场冲突是可以顺利化解的，问题的关键是要将冲突视为是可以解决的问题：先确认冲突的源头，沉稳而冷静地面对，要避免进行人身攻击，充分发挥沟通协调的功能，再采用恰当的解决冲突技巧。使每一个人都成为赢家，冲突必将迎刃而解。

第五，职场幽默化生存。在职场中生存需要严阵以待，但有时更需幽默来点缀。职业压力增大导致白领在工作中事事小心，而对玩笑之事避之不谈，其实在不影响工作的前提下，开个合适的玩笑，幽默一把，是控制情绪、激励自己及处理人际关系的好办法。常常打破严肃尴尬的气氛，会给职场生活注入新鲜和活力，有助于提高工作效率，往往也能赢得领导的青睐。

是否能够得到领导提拔，通常取决于你对公司将来的发展有多大的价值和贡献。然而，是否能将自己的才华与抱负等值地转化成为现实价值，职场政治起着微妙的作用，善于利用职场政治的积极作用，将大大提高晋升的速度和步伐。

【除了才华，还有什么可以让你在职场政治立于不败之地？】

有人曾经调查了30个受过高等教育并献身职场的各年龄段人士，对他们提出同样一个问题，“你觉得才华对你一生的职业生涯很重要吗？”答案当然“是”。可是对另一个问题，“有才华是否能代表你就会拥有一个成功的职业生涯？”答案则是百分之百的否定。

有才华，却并不能代表你拥有一个成功的职业生涯，为什么？答案很简单，因为职场政治。

职场政治，除了涉及到一个人的才华，还有性格、情商、社交等许多自身能力和复杂的人际交往能力。有时在考验你的应变力、协调力、不断学习的能力、自控能力。如果你不为此付出代价，你的职场生涯一定会遇到阻隔。

还是在对30个人的调查中，有一个关键的问题：“你觉得比才华重要的还有什么？”答案有智慧、人缘、做人、宽容、协调、自信、真诚等等。

让人立于不败之地的因素是相通的，不止在职场，只要学会了做人，在哪里都能成功。

1. 称赞

鲁艳萍说到单位的一位“后起之秀”：“老实说，我嫉妒她，甚至心里有过非常阴暗的想法。这是让人心烦的事，我有那么多愤怒、怨恨，觉得自己悲惨极了，看到大家跟她都相处得那么好，我开始莫名其妙地恨起公司所有的同事来，我开始用一种尖酸刻薄的态度对大家，总是无事生非，结果大家都开始讨厌我。我差点要待不下去了。我觉得压抑，要发疯。妒嫉是残忍的，残忍得像坟墓。过了好长一段时间，我才调整过来。我试着去称赞她，试着用真诚的称赞，到最后我真的是发自内心地觉得她确实优秀了。不过反过来，我也得到了越来越多的称赞。我们现在已相处得很好，彼此接受。”

2. 敏锐

陈平在游戏软件开发行业一直保持旺盛的势头，原因是他不仅注重游戏软件开发本身，还深谙“嗅觉”之道。他说，“人犯的最大错误，是不知不觉。你必须时刻提高警惕。这是一个科技资讯时代，原来是十年一个代沟，可是现在一年就是一个代沟了。越来越密集的代沟，让人一不留神，就被淘汰了。你以为我是一个天才对吗？错了。我是一个敏锐的人，可我总是担心自己不够敏锐，随时要卷铺盖走人。"

3. 自信

小何大学毕业，不想做传统上班族，拒绝留校工作，加入网络公司，做起新经济下的劳工。他是典型的科技自由主义者，很疯狂的工作，除了想换取财富自创事业外，也是一份成就感。可是，自从纳斯达克股市的神话破灭后，几乎所有的网络公司开始"削减成本(COST CUT)"，媒体也在每天宣传网络公司如何穷途末路，虽然自己就职的公司还没有任何动静，但他已开始感到惶惶不可终日。

人生起伏是再正常不过的事情。小何这时需要沉着和冷静，可这需要自信来依托，相信自己是最好的。退一步，即使真被"飞人"，他也应该这样想：机遇终于来了。很多成功者是在逆境中开始成长的。勇敢面对才能勇往直前。自信是隐藏的资本，能在每一次忧患中都看到一个机会。

4. 宽容

白玲电脑上的设计方案被同事窃取了，她在愤怒之后，开始冷静思考，这位同事为什么那样做，肯定有她的原因和想法，她真诚地尝试替同事设身处地想一想。"她一直是个有信誉的人，这一次，我想应该事出有因吧。"她理智地找到同事，证实事出确实有因。后来，这位同事对朋友们说，"只要白玲有困难，我会赴汤蹈火，献出一切！"

5. 热情

黄玲形容自己是个不拘小节，心宽体胖，喜欢傻乎乎笑的人。她在离开原来供职的公司前，公司为她开了一个欢送会。老板给了一句赠言：相信每个人都有这样的感觉，一位热情的朋友好似阳光普照一天，把光亮流泻在周围一切之上。

"我大吃了一惊，大家竟然都那么舍不得我走，说会想念我，我真的很感动，"黄玲说。其实她是一个充满热情的人，也是一个助人为乐的人。不过她从来没想过有什么回报。

6. 踏实

晓云在三个月试用期过后，顺利签下了一份正式合同，而另一个同期试用，被全面看好的应聘者却没有她的幸运。因为两个人中间必须走一个。晓云总结说，“我知道我行。要知道那些成功的人，都是一步一个脚印的人，他们每天都在用心做好每一件事，把自己带到明天的最佳位置。我想我是那样做的。她确实是个聪明的人，有善于钻营的本事，左右逢源的能力，可是这并不能使她无往而不胜。至少在这里不行。”

7. 信任

Jessica 决定跟一个同行合组公司时，遭到很多朋友的反对。他们一致认为，那可是一个够受的人，公司肯定成不了气候，Jessica 不会有好结果。Jessica 否认。“不。那是我的事，我信任他。”她说得很干脆。她觉得，这就像两个有心人谈恋爱，如果彼此间最基本的信任还没有，那怎么可能有下文。你总得尝试，否则将一事无成。这需要宏观视野。

8. 坚忍

因为关系升职加薪的利益，白玫被办公室同事暗箭中伤。“开始当然是愤怒透了。我想对他进行还击。可是，有朋友对我说，你跟这种人纠缠什么，愤怒的结果，是对你自己的伤害更大，你想释放出心里的愤怒，会惹更多麻烦。你现在沉默，时间会证明一切，那样你会赢得尊重，赢得更多朋友。你就把这当成一个笑话。你仔细想，一个人，除了你自己以外，没有人能伤害你。你应该学会忍耐伤害，除非自己的过错，你永远不会真正受伤害。”

9. 真诚

张小雨是一位出色的记者，所有的被采访者都真心接受她的访问。不管面对的是一个什么样的访问者，她都绝不咄咄逼人，把对方逼到墙角拐弯之地，去挖取一些属于非常私人的资料。她的访问宗旨是：使每个人都感到舒服和自然。她的真诚使对方如沐春风。

张小雨解释说，“真心是于心的东西，它来自你的心。如果大家都敞开心扉，很多困难便不复存在。”这种真诚确实使她赢得了成就感。

10. 尊重

Michael 是一个受欢迎的 CEO，在公司捉襟见肘时，没有人离开他，大家与他一起共同渡过难关。职员们说，“因为他尊重我们。他从来没有自己的办公室，一直和我们挤在一起。他和我们一起挽起袖子修电脑，让客户常以为他只是一个技术员。他从来不说废话，总是听我们说。"

Michael 认为，我们生活在一个快餐时代，如果有话要说，就快点说，说了重点就停下来，也给别人一个说话的机会。你尊重对方，对方才会尊重你，这是相互的回应。

路遥知马力，日久见人心。最终经受住职场政治考验的，还是那些品格高尚的人。如果不能改变环境，就改变自己吧，不是同流合污，不是随波逐流，而是改变看待问题的态度。

第五章 身心健康「无保障」

身在职场，健康是最大的财富。留得青山在，不怕没柴烧。只有保持身体健康，才可以在职场上坚持奋斗。

健康是1，事业、财富、爱情、婚姻、名誉、地位等等都是后面的0，由1和0可以组成1000，或者1000000，甚至10000000……虽然数字大小不一样，但无非是多几个0而已。无论少一个0，还是多一个0，都是一个比较大的数。但是，如果没有健康这个1，后面的0再多也没有用。没有健康就没有一切。

为了生活，人们四处奔波。职场上的人们忙忙碌碌，为了生存，为了摆脱房奴、车奴、卡奴的命运而拼搏，无形中给自己套上了沉重的枷锁。

早上上班的滚滚人流中，放眼望去，有多少人目光呆滞、面无表情？不仅是中年人，很多青年人也丧失了活力与激情。为什么呢？因为他们劳累，因为他们抑郁，他们的身体已经进入亚健康状态，他们的心理已经不堪重负，处在崩溃的边缘。

耶稣说：「你就是赚得全世界，赔上自己的性命，有什么益处呢？」

第一节　亚健康——来自身体的警告

薪水真的"白领"了！

都市里许许多多忙碌着的白领，事业处于上升期、家庭处于初建期，每天都在为房子、车子和孩子而奋斗奔波，无论在工作中还是生活上，他们都承受着巨大的压力，经常超支自己的体力和精力，长期疲劳、失眠、焦虑、情绪低落……健康状况堪忧。

兰菲在一间外资投资银行担任分析师，每月收入高达五位数，可她却感觉忙得很累，很迷惘。包括周末，每一天她几乎都是这么度过的：早上6点，啃着馒头匆匆出门，6点半到办公室，马不停蹄地开始分析市场行情、写报告，午餐和晚餐都在办公室叫盒饭解决，夜里11点多才回到出租屋中。

兰菲感叹，高强度工作导致"根本没有属于自己的时间"，吃饭、洗澡等都要马不停蹄地进行，有时甚至就连给老同学回个电话都抽不出空来。

能不干吗？在上海买一套像样房子的愿望，使兰菲不舍得放弃每月五位数的工资收入。"以前工作很有冲劲，但现在每天不停地忙，没有生活质量，只有工作，很累很迷惘！"

年过三十的曹先生在一间民营企业负责招标工作，为了供房和养孩子，他还干了两份副业：和朋友开了一间休闲吧以及每周做家教。在一周五天的工作日里，总有那么两三天下班或者结束加班后，他要从城市的东部跑到西部，照看生意到晚上十时多，周末两天也基本都要奉献给自己的两项副业。

一个人打三份工，使极度"缺觉"的曹先生身体不堪重负，一米八的个

子逐渐瘦到了60公斤出头，皮包骨一般。久未见面的朋友再看见他时都会忍不住惊呼："你怎么瘦了这么多！"

曹先生也知道自己这样"拿命换钱"实在不好，但不这么做，日子怎么继续过下去？

白领如果不学会合理缓解压力，改善健康状况，就有可能有一天会陷入"四十岁前拿命换钱，四十岁后拿钱换命"的不幸怪圈，将来不得不把钱用于看病住院，那么，多年的薪水就真的"白领"了！

【什么是亚健康？】

兰菲和曹先生的身体状态其实正处在现在常说的"亚健康"状态。

什么叫"亚健康"？"亚健康"是界乎健康与疾病之间的状态。亚健康是一类次等健康状态，又称"次健康"、"第三状态"、"中间状态"、"游离(移)状态"、"灰色状态"等。通俗地说，亚健康的人，就是看起来没什么病，可也不是健康的人。

处于"亚健康"状态的患者年龄多在20～45岁之间。美国每年600万人被怀疑患有"亚健康"。澳洲处于这种状态的人口达3700万。在亚洲地区，"亚健康"的比例更高。日本公共卫生研究所调查了1000名白领员工，其中有35%的人正忍受着"亚健康"带来的病痛，并且至少有半年病史。而中国上班族中处于"亚健康"状态的人高达48%。

亚健康危害极大。具体表现在：

1. 亚健康是大多数慢性非传染性疾病的疾病前状态，大多数恶性肿瘤、心脑血管疾病和糖尿病等均是从亚健康人群转入的。

2. 亚健康状态明显影响工作效能和生活、学习质量，甚至危及特殊作业人员的生命安全，如高空作业人员和竞技体育人员等。

3. 心理亚健康极易导致精神心理疾患，甚至造成自杀和家庭伤害。

4. 多数亚健康状态与生物钟紊乱构成因果关系，直接影响睡眠质量，加重身心疲劳。

5. 严重亚健康可明显影响健康与寿命，甚至造成英年早逝、早病和早残。

那么，造成亚健康的原因是什么呢？

【压力是白领亚健康的罪魁祸首】

导致亚健康的四大病因：

1. 过度紧张和压力。长时期的紧张和压力对健康有四害：一是引发急慢性应激直接损害心血管系统和胃肠系统，造成应激性溃疡和血压升高、心率增快、加速血管硬化进程和心血管事件发生；二是引发脑应激疲劳和认知功能下降；三是破坏生物钟，影响睡眠质量；四是免疫功能下降，导致恶性肿瘤和感染机会增加。

2. 不良生活方式和习惯。比如，不按时睡觉，吃饭无规律，喜欢高盐，高脂和高热量食物，吸烟喝酒，久坐不运动，长时间吹空调等等，这些都是造成亚健康的最常见原因。

3. 环境污染的不良影响。如水源和空气污染、噪声、微波、电磁波及其他化学、物理因素污染，简直防不胜防。

4. 不良精神、心理因素刺激。这是造成心理亚健康和躯体亚健康的重要原因之一。

虽然说健康的饮食和生活习惯是健康的基石，但并非保证健康的全部因素。导致职场人士亚健康的诱因中，首当其冲的是由于社会竞争而带来的压力。

越是处在重要位置的职场精英，面对的压力越大。当心力交瘁，疲惫到一程度时，即使身体没有明显的器质性病变，亚健康甚至高血压、冠心病的症状也会相继出现。

目前高血压、糖尿病、脑中风和心肌梗死等病症的发病年龄已平均下降了 10 岁。二十几岁的高血压患者越来越多见了。

【女性更易亚健康】

在职场人士中，女性更易亚健康。工作、家庭、复杂的人际关系，让职场女性承受着巨大的压力。压力之下，身心透支，很多女性常常感到精力不足、情绪低落、记忆力减退、注意力不集中、头晕、头痛等。有调查资料显示，有六成以上的女性处于亚健康状态。

女性的亚健康多表现为身体和精神上的不适，例如神疲乏力、四肢倦怠、腰膝酸软、头晕失眠、畏寒肢冷、心绪不宁、气短汗多、月经不调等。有关

专家指出，更年期前后和哺乳期后是女性亚健康状态的高发期。

在更年期前后，女性会出现一系列生理和心理方面的变化，如果调适不当，很容易陷入亚健康状态。程度严重者，还会出现"更年期综合征"，失眠、月经不调、烦躁、记忆力下降、情绪易波动等多个症状一齐"爆发"。更年期综合征已经属于疾病的范畴，需要到医院就诊。

哺乳期后的女性也是亚健康状态的"重灾户"。抚养小孩的生活压力，重新进入岗位的精神压力，以及产后的一系列心理压力等，让哺乳期后的女性更易产生焦虑和抑郁情绪，从而导致亚健康症状的出现。

从职业上分析，教师、企业管理者等以脑力劳动为主的女性，因为竞争压力大，日常工作量较多，自我要求也较高，难以自我放松，因此更容易影响身心健康，导致亚健康的出现。

职场自救攻略

如何预防亚健康？

预防亚健康的方法，可以从以下五个方面入手：

【均衡的营养】

没有任何一种食物能全面包含人体所需的营养。因此，饮食要粗细搭配多样化，多吃粗粮、杂粮、豆类、水果、蔬菜，少吃猪肉，适当吃些牛羊肉、鸡、鱼等。忌烟酒，油炸、熏烤以及发霉的食品。

【充分的睡眠】

睡眠和每个人的身体健康密切相关。睡眠占人一生三分之一的时间。当今，因工作或娱乐，造成众多职场人士睡眠不足，作息颠倒，每天清早，地铁上的无数的上班族睡眼惺忪。人体生物钟正常运转是健康的保证，而生物钟"错点"便是亚健康的开始。逆时而作，就会破坏人体气血运行和新陈代谢的规律。

【善待压力】

人之所以感到疲劳，首先是情绪使人的身体紧张。因此要学会放松，让自我从紧张疲劳中解脱出来。要确立切实可行的目标定向，切忌由于自我的期望值过高无法实现而导致心理压力。人在社会上生存，难免有很多烦恼和挫折，必须学会应付各种挑战，要调整心理状态并保持积极、乐观。广泛的兴趣爱好。善待压力，把压力看作是生活不可分割的一部分，学会适度减压，以保证健康、良好的心境。

【培养兴趣】

兴趣爱好可以增加你的活力和情趣，使生活更加充实，生机勃勃，丰富多彩。健康有益的文化娱乐体育活动，不仅可以修身养性，陶冶情操，而且能够辅助治疗一些心理疾病，防止亚健康的转化。

【户外活动】

现代高度发达的物质文化生活，使一些人在室内有空调、电视、电脑，出门坐汽车，从而远离阳光和新鲜空气，经常处于委靡不振、忧郁烦闷状态。因此，要增加户外体育锻炼活动，每天抽出一至半小时，远离喧嚣的城市，到郊外进行光照，呼吸负氧离子浓度较高的新鲜空气。

远离亚健康，亲近大自然。职场人士，不妨每周拿出半天或一天时间去郊区爬山，或者湖边漫步，活动一下身体，呼吸纯净的空气。

第二节　坐出来的办公室病

【"坐以待病"还是"坐以待毙"？】

年轻网编"坐坏"颈椎腰肌

李明自小是个电脑迷，前年毕业后当上网络编辑，更加名正言顺地成天"粘"在桌前、"挂"在网上。

即使每天下班之后,一回到家里,李明也是马上打开电脑上网,周末休息经常是通宵上网“灌水”、聊天或者打游戏,根本“腾不出时间锻炼身体”。

算下来,他每天在电脑桌前的时间足有十来个小时,玩到精彩时尿急了也憋着。半年前,他开始经常感到头晕、腰痛、脖子硬,排尿时有痛感。休息后,各种症状就有所缓解,但在电脑桌前一坐久,马上又不舒服了。

后来,他上医院一检查,竟发现颈椎和腰肌都严重劳损,还有轻微的膀胱炎。

“问题就出在久坐上!”了解完李明的工作和生活习惯后,医生告诉他。

颈椎病、腰肌劳损、下肢静脉栓塞、肥胖、便秘、痔疮……这么多种病症竟都可能是因长年久坐不动引发的。这可不是危言耸听,世卫组织发布的一份报告指出:每年有200多万人因长时间坐着不动而死亡。报告还预计,到2020年全球将有70%的疾病是因坐得太久、缺乏运动引起的。

这真是轻则“坐以待病”,重则“坐以待毙”啊!

【久坐可引起17种病症】

古人早已知道久坐的危害,《黄帝内经》中有这样的句子:“久坐伤肉,久立伤骨,久卧伤气,久行伤筋。”从现代的观点看,久坐可引发以下多达17种病症。

1. 颈椎病

长期不良的坐姿或长久停留在电脑前, 最容易造成颈项肌的疲劳,引起颈肩痛、项肌痉挛,甚至出现头晕目眩;久而久之,势必在成年之后过早地出现颈椎间盘退行性变,导致颈椎病。

对策:操作电脑时要保持正确坐姿:请确保坐着时整个脚掌着地。使用让您的脚部平稳着地的可调节工作台、椅子,或者使用脚垫。如果使用脚垫,请确保脚垫宽度足够使腿可以在工作区内自由活动。经常伸展腿部并改变腿的姿势。要经常站起来离开工作台稍微走动和经常改变腿部的位置,使人整个放松一下。注意不要将箱子或其他物品放置在桌下,这样会限制腿部的活动空间。

2. 腰椎病

由于长期久坐,或者有的坐姿不良,或总是固定一个姿势而使得腰部软组织长久处于张力状态,软组织缺血,而产生腰肌劳损。

对策:要尽量减少坐的时间,或坐一会儿变动一下姿势、站起来活动一下,中途可做一下腰部按摩。

3. 尾骨受伤

你是否经常感到臀部尾骨隐隐作痛，有时接连两三天都令你坐立难安?请别忽视这样的症状,这是女性易患的疾病——尾骨受伤。尾骨疼痛的症状包括臀部尾骨附近有压痛点或腿痛现象,范围包括尾骨、提肛肌及周围的软组织等。长久坐姿不正确,压迫尾骨神经,即可造成尾骨受伤而疼痛。

对策:平时保持良好的坐姿,减轻对脊椎的压迫,多运动,可减少尾骨受伤的机会。患有慢性的尾椎骨疼痛者,最重要的是尽量减少或避免患处承受压力,平常坐的时候,可在椅子上摆个类似救生圈的减压坐垫,减轻患处的压力。这种中空设计的坐垫,可分散尾椎骨及臀部的压力,使患者可以坐得久一些,工作更方便。在家里,应经常热敷患处,或让中医用超声波治疗,加强疼痛部位的血液循环,促进疗效。

4. 屁股"生茧"

屁股"生茧"即臀部长出硬疙瘩,并隐隐作痛,即坐骨结节性囊肿。原来,人体臀部的骨骼是由骨盆构成的,其中坐骨是构成骨盆的重要组成部分,坐骨可分为上下两个分支,两支骨会合处即坐骨结节。当人采取坐位姿势时,坐骨结节恰好与凳面接触。在坐骨结节的顶端长有滑囊,滑囊能分泌液体,以减少组织间的摩擦与受压。然而,老年人随着年龄的增长,滑囊也随之发生了退行性改变,液体分泌减少。长时间地伏案工作或有盘腿久坐的习惯,容易使坐骨结节与坐凳"硬碰硬"。还有长期不合理的摩擦、挤压、负重、创伤,久而久之就会导致创伤性滑囊炎的发生,而这种滑囊炎大多发生在一侧坐骨上,这可能与坐力的不平衡有关。滑囊炎发生之后,囊内充血、肿胀、浆液性渗出物增多,迁延日久积液就会变得黏稠、混浊、纤维素沉着而发生粘连。这时,滑囊壁增厚、滑膜表面粗糙,最后,形成了囊肿。

对策:改善坐具。平时如果习惯于坐木椅、硬板凳者,可改坐藤椅或沙发,也可在硬质坐具上放置较厚的海绵垫、布垫,能够减轻硬质坐具对坐骨结节的摩擦与对抗力。

5. 肌肉酸痛

人体内的亿万细胞要靠血的运输来完成其新陈代谢功能，久坐可使体内携氧血液量减少，氧分压降低和携二氧化碳血液量增多，二氧化碳分压升高，引起肌肉酸痛、僵硬、萎缩。

对策：医学专家建议，凡因工作需要久坐的人，一次不要连续超过 8 小时，工作中每隔 2 小时应进行一次约 10 分钟的活动，或自由走动、或做操等。

6. 食欲不振

久坐缺乏全身运动，会使胃肠蠕动减弱，消化液分泌减少，日久就会出现食欲不振、消化不良以及脘腹饱胀等症状。久坐不动者每日正常摄入的食物，聚积于胃肠，使胃肠负荷加重，长时间紧张蠕动也得不到缓和，长此以往可致胃及十二指肠球部溃疡穿孔及出血等慢性难愈顽症。

对策：培养"植物化"饮食习惯。多吃如干豆类，海藻类，地下根(茎)类，新鲜蔬菜及时令水果等。所含丰富的膳食纤维可增进肠道蠕动，缩短食物通过的时间，使食物中所含有害物质损伤肠黏膜的机会减少，还可吸附带走部分有害物质，减少毒害。

7. 心功能减弱

久坐不动血液循环减缓，人体对心脏工作量的需求随之减少，血液循环减慢，日久则会使心脏机能衰退，引起心肌萎缩，易患动脉硬化、高血压、冠心病等心血管疾病。

对策：可做"扩胸运动"，方法：每坐一两个小时后，站起来，双臂展开，做扩胸活动。每次舒展胸部三五分钟。做"扩胸运动"的次数、强度和频率，应根据自己身体状况而定。

8. 记忆力下降

久坐不动，血液循环减缓，则会导致大脑供血不足，伤神损脑，产生精神厌抑，表现为体倦神疲，精神委靡，哈欠连天。若突然站起，还会出现头晕眼花等症状。久坐思虑耗血伤阴，老年人则会导致记忆力下降，注意力不集中。若阴虚心火内生，还会引发五心烦热，以及牙痛、咽干、耳鸣、便秘等症。

对策：为了你的身心健康，不要久坐下棋，玩麻将，老年人更不可久坐家中闭门不出。

9. 痔疮

久坐者，血液循环减慢，使身体内静脉回流受阻，直肠肛管静脉容易出现扩张。血液淤积后，致使静脉曲张，并可能患痔疮，发生肛门疼痛、流血甚至便血等现象，长此下去则会导致贫血。

对策：进行热水坐浴。坐浴时水温不宜高，以30℃～40℃为宜。坐浴时间不宜过长，20～30分钟即可。早晚各坐浴一次。可在热水中加入少量盐，水面不低于会阴部。

10. 便秘

李女士是某公司部门负责人，椅子是她最亲密的伙伴，通常一坐就是几个小时。最近，李女士发觉自己的脸色明显不好，3到4天才排一次大便。到医院检查才知是患上了便秘。医生解释说，女性腹肌天生较弱，送便排出的力量小，因此久坐很容易出现便秘。

对策：做到经常空腹饮水，工作时间每隔1~2个小时站起来活动一下身体。同时，多食高纤维食物，如蔬菜、水果、玉米、芹菜等。

11. 大肠癌

长年久坐办公室而很少从事体力活动，是患大肠癌的一种危险因素。许多人认为痔疮无关紧要，不出血就好了，从而忽视了大便带血是大肠癌最初的主要症状之一。发现自己大便带血，一定要到医院作检查，最好是采取直肠指检，医生戴上手套，将一根手指伸入肛门，一般都能查出问题来。

对策：长期久坐的人应提高警惕，尽量克服久坐的不良习惯。同时，养成体检习惯，建议从30岁就开始进行检查。检查方式主要有直肠指检、钡灌肠造影、CT检查等，各人可根据大夫的建议来选择检查，诊断方法。

12. 排尿不畅

前列腺增生患者不宜久坐，已为许多人所共识，但前列腺增生患者坐的姿势也是有讲究的，当人正常端坐的时候，重心自然落于前列腺的位置，坐的时间久了，增生的前列腺必然要承受体重的压力，因而难免造成增生的前列腺向尿道管扩张，而压迫尿道，严重者会造成排尿困难，甚至闭尿。

对策:如前列腺增生患者日常坐的姿势有意识地将重心移向左臀部或右臀部(可以左右臀部适当轮换),就可避免人体重心直接压迫增生的前列腺,从而避免或减轻增生的前列腺向尿道压迫。长期用此方法,对增生的前列腺可以起到意想不到的保护作用。

13. 男性不育

久坐会导致人体静脉回流不畅。对男性而言,则会使局部温度升高,通气性差,容易感染包皮龟头炎。同时,久坐带来的高温和静脉血反流至睾丸,还会伤害睾丸的生精功能,时间长了可致男子不育,甚至发生睾丸坏死。

对策:办公族每小时应有意识地起来倒杯水、去趟厕所。因工作需要经常坐着的男子,应穿宽松、纯棉的内裤,切勿穿过紧过小的内裤。生活中还应注意限酒,忌食辛辣。

14. 女性不孕

白领女性,由于长期久坐,月经前及月经期常有剧烈疼痛,这是因久坐加上缺乏正常运动,以致气血循环障碍;有些是气滞血瘀也易导致淋巴或血行性的栓塞,使输卵管不通;更有因久坐及体质上的关系,形成子宫内膜异位症,这些都是不孕的原因。

对策:上班族每天至少应该活动30分钟。而要达到这个运动量可以因地制宜,比如坐公共汽车上下班时提前两站下车步行,或改骑自行车;上楼时不乘电梯,走楼梯;在电视播放广告时,站起来走动一下。锻炼的强度可以逐渐增加,如果原来一站路走15分钟的,可以逐渐加快到10分钟。当然,如果你能抽得出更多的时间,建议你不妨每工作1小时做5分钟的休闲运动,很简单,只需要你伸伸腿、转转头、扭扭腰即可。

特别提醒:久坐不动的女性,还容易患上痔疮、慢性骨盆充血、痛经、内分泌失调等妇科病症,如果工作或者生活的压力又很大,那么,紧张的情绪更加使荷尔蒙的分泌失调,影响整个内分泌系统的平衡,将会带来更为严重的难言之疾。

15. 长“危险脂肪”

我们通常所说的脂肪是存在于皮肤下面的,叫做“皮下脂肪”,它让人的外形显得肥胖,同时也影响健康。而内脏脂肪位于身体内部,它围绕着人的脏器，主要存在于腹腔内（比如胃的周围）。研究表明，体内存在过多的内脏脂肪，就会增加患糖尿病、心脏病和其他各种代谢性疾病的机会，所以它被称为"危险的脂肪"。

对策：大量的运动可以将已经存在的内脏脂肪消除掉，运动越多，内脏脂肪的减少量就越多；而一般的运动则可以使内脏脂肪停止堆积。反之，如果你长期不运动，那就很可能以每年增加 2 公斤体重的速度堆积这种危险的脂肪。因此，要坚持做运动。

16. 肥胖

久坐不动，机体对摄入的脂类、淀粉过多地转变为脂肪贮存体内，使人肥胖。久而久之，各大、小动脉管内壁将淤积下大量脂类，导致全身组织系统供血不足，加速以上疾病的发生，这无疑会造成一种恶性循环。

对策：对于在写字楼工作的人来说，爬楼梯可以是最简便有效的运动；利用下班时间，快走和慢跑（原地抬腿甩臂亦可），或者做一些如跳绳、健美操、游泳等力所能及的运动，来锻炼增强自己的体魄，同样能收到明显的健身效果。

17. 糖尿病

美国哈佛公共卫生学院公布了一项历时 10 年的研究报告：减少久坐看电视行为，对防治 2 型（非胰岛素依赖型）糖尿病具有重要意义。久坐少动是现代生活方式疾病发生的重要因素。一个人长期缺少活动，再加上营养过剩，日久势必导致体内代谢紊乱而诱发糖尿病等疾病。

对策：坚持低脂饮食。同时，进行网球、篮球、健美操、乒乓球等运动，此外，步行、慢跑、上楼梯、骑自行车、游泳、跳舞等也是不错的选择。

小学老师就教导过我们："坐有坐相。"正确的姿势可以减轻痛苦。凡事要有度，无论是坐，还是走、站、躺，都不可过久。

第三节　过劳死，生命不能承受之重

近些年，中青年人士猝死的消息层出不穷，屡屡给人们敲响健康警钟。

2005 年 4 月 10 日，著名画家、导演陈逸飞因劳累过度，导致胃穿孔、肝病去世。陈逸飞经常是画画的时候，饿了就吃方便面，困了就在画室睡觉；拍片的时候，连续几天几夜不休息是常事，导致疾病终于在身体里爆发。

2005 年 8 月 18 日，46 岁的演员高秀敏因过劳而心脏病突发，告别人世。

2006 年 5 月 28 日，华为公司年仅 25 岁的工程师胡新宇因过劳而引发病毒性脑炎，不治身亡。

2010 年 4 月 4 日，著名反病毒专家王江民在京西信翔鱼池钓鱼时，心脏病突发后逝世。这位中关村最富传奇色彩的知识英雄，从此成为大众永远的怀念。

……

这个沉痛的猝死名单，其实很长很长。第一位广为人知的猝死的知识分子，是 1982 年突然离世的 43 岁的光学专家蒋筑英。其他还有：32 岁的中国社科院边疆史地研究中心学者萧亮中，36 岁的清华大学电机与应用电子技术系讲师焦连伟，46 岁的清华大学工程物理系教授高文焕，36 岁的浙江大学数学系教授、博士生导师何勇，38 岁的中国科学院研究员、博士生导师胡可心，37 岁的上海中发电气(集团)有限公司董事长南民，44 岁的复旦大学博士生李开学……

长城不是一日修成的。他们之所以猝死，是日积月累辛苦劳动的结果，是过劳死。过劳死指的是长期慢性疲劳后诱发的猝死，在许多发达国家被称为职业病。

【职场"过劳死"危机：生命不能承受之重】

"过劳死"是现代职业病的集中爆发。工作压力大、生活负担重、精神包袱沉等因素使许多人过度透支生命，突然引发身体潜藏的疾病急速恶化而丧命。随着生活节奏的加快，越来越多的人承受的工作、生活压力在不断加大，处于亚健康状态的人比比皆是，如果不注意调节和防治，很容易出现"过劳死"。

"过劳死"最早出现在二战后的日本，目前多发于中年白领阶层。竞争日益激烈的现代社会，人们的疲劳感正在蔓延。35～50岁之间的中青年，既在工作中扮演主力角色，又在为家庭生活幸福美好而打拼。这些社会的"中流砥柱"们正为实现理想而奋斗时，却不知一种名叫"过劳死"的疾病正向自己袭来……

一项在上海、无锡、深圳等地对1197位中年人健康状况的调查结果显示：66%的人有多梦、失眠、不易入睡等现象；经常腰酸背痛者为62%；记忆力明显衰退的占57%；脾气暴躁、焦虑者占48%。这类人常处于超时工作、睡眠不足、压力巨大、没有休闲的亚健康状态。

遗憾的是，随着职位的升迁、存款数字的增多、事业的蒸蒸日上，这些成功者的健康却一路负债，最终不堪重负，过早地停泊在人生的终点。

在对"过劳死"人群深入研究中发现，猝死直接死因的前五位是冠状动脉疾病、主动脉瘤、心瓣膜病、心肌病和脑出血。和一般猝死几乎没什么不同，这些病的隐蔽性蒙蔽了过劳者，以致酿成恶果，过度劳累便是一个重要诱因。

现代生活中长期超负荷工作，往往积淀成一层又一层的潜在致病因素，致使许多人劳累而疾病缠身。有调查表明，慢性疲劳综合征在城市新兴行业人群中的发病率为10%至20%，在某些行业中更高达50%，如科技、新闻、广告等行业从业人员，公务员，演艺人员等，而这些都是"过劳死"的潜在人群。

另外，过重的生活压力、工作压力也是猝死的凶手之一。处于长期精神压力下，患各种疾病的几率会增加三至五倍。而免疫力降低，身体内部的防卫力量不足，小至感冒，大至癌症都有可能发生。现代人的工作往往具有静而不动的特点，最易使人疲惫。

职场自救攻略

职场中危机重重，作为职场人，身体和心理都承受着巨大的压力。有些人以为自己年轻力壮，为了以后的事业暂时透支一下健康没问题，何况，不管再怎么拼命工作，身体看起来倒没什么大问题，平时也很少踏进医院。其实他们不知道的是，不进医院并不代表他们的身体就没病。

无限度地透支往往会让人处于一个身体的亚健康状态。一旦到进医院那种地步的话说明身体内潜藏的问题已经相当严重了，已经由亚健康状态转变成了疾病状态。

所以，我们职场人无论如何繁忙都要时刻关注自己的身体状态，尤其是种种暗含着身体已经出现问题的小信号。

【警惕："过劳死"的 10 大信号】

1. "将军肚"早现。30～50 岁的人，大腹便便，是成熟的标志，也是高血脂、脂肪肝、高血压、冠心病的前兆。

2. 脱发、斑秃、早秃。每次洗桑拿都有一大堆头发脱落，这是工作压力大、精神紧张所致。

3. 频频去洗手间。如果你的年龄在 30～40 岁之间，排泄次数超过正常人，说明消化系统和泌尿系统开始衰退。

4. 性能力下降。中年人过早地出现腰酸腿痛、性欲减退或男子阳痿、女子过早闭经，都是身体整体衰退的第一信号。

5. 记忆力减退。开始忘记熟人的名字。

6. 心算能力越来越差。

7. 做事经常后悔，易怒、烦躁、悲观，难以控制自己的情绪。

8. 注意力不集中，集中精力的能力越来越差。

9. 睡觉时间越来越短，醒来也感到不解乏。

10. 经常头疼、耳鸣、目眩，检查也没有结果。

具有上述两项或两项以下者，则为"黄灯"警告期，目前尚无需担心。具有上述 3~5 项者，则为一次"红灯"预报期，说明已经具备"过劳死"的征兆。6 项以上者，为二次"红灯"危险期。

【如何摆脱过度疲劳？】

消除脑力疲劳法：科学地使用大脑，设法提高用脑效率，适当参加体育锻炼和文娱活动，进行积极休息。如果是心理疲劳，千万不要滥用镇静剂、安眠药等，应找出引起感情忧郁的原因，并求得解脱，使心理恢复平衡。病理性疲劳，应及时找医生检查和治疗，病因消除了，疲劳也就不存在了。

饮食补充法：注意饮食营养的搭配。含蛋白质、脂肪和丰富的 B 族维生素食物，如豆腐、牛奶、鱼肉类食物，可防止疲劳过早出现，多食水果、蔬菜和适量饮水亦有助于消除疲劳。

休息恢复法：每天都要留出一定的"喘气"和休息时间，最好方法是躺下来放松肢体，或安枕大睡，往往一觉醒来倦意全消。另外，听音乐、练书法、绘画、散步等也有解除生理疲劳之功效。

科学健身方法：一是有氧运动，如跑步、打球、打拳、骑车、爬山等；二是腹式呼吸，全身放松后深呼吸，鼓足腹部，憋一会儿再慢慢呼出；三是做保健操，使人体组织器官充满活力，推迟衰老进程；四是点穴按摩，通过自我点穴疗法和按摩，对体表适当刺激，激发机体抗病潜能。

列宁同志告诉我们：不会休息的同志就不会工作！无论工作多么紧张，也要做到劳逸结合，张弛有度。

第四节 赶走职场抑郁

【职场抑郁症，离你有多远？】

陈佩佩在南京一家经营营养保健产品的商务公司做电话营销，最近，她感到极度郁闷。陈佩佩已经连续4天没有销售业绩，而且多次遭到客户退货。她的月工资是1500元底薪加提成，没有业绩不仅奖金拿不到，工资也要打折。为了促进业绩，公司实行分组，各组之间竞争激烈，一个人的业绩会影响到整个小组的业绩。"谁也不想拖小组后腿，让组里的其他人也拿不到奖金。我真想大哭一场，把心中的郁闷宣泄出来。"陈佩佩说。

近年来，在激烈的职场竞争压力下，患有抑郁性精神疾患的人越来越多。在这其中，职场人因为工作压力大和人际关系复杂更容易引起苦闷压抑的失调情绪，这是典型的"职场抑郁"表现。持续的抑郁就会导致抑郁症。抑郁症是一种心理疾病，患抑郁症的人有自杀、自虐的动机，不容易恢复。据统计，我国有2000多万抑郁症患者，其中15%的人有自杀的危险。专家猜测，到2020年抑郁症将成为仅次于癌症的人类第二杀手。

究竟什么样的职业类型的人较容易罹患忧郁症呢？通过经验得出，如下几种易引起较大的压力特质的职业，相对的抑郁症也就较常见：

1. 具有时间压迫性及人际竞争性的工作，如业务工作及定期有业绩汇报工作者。

2. 需频繁调动工作地点及内容的工作，不断地适应新环境及新同事会造成很大的生活压力。

3. 缺乏同侪伙伴的工作环境，压力及责任较少有人可以共同承担，一旦有事，压力难以排解。

4. 缺乏社会认同感、社会价值观评价较差等级的工作。

5. 作息不正常的工作,如轮班、熬夜、时差多等工作,容易影响生理时钟,造成内在失调。

【小测试:你有没有患上职场抑郁症】

下面的小测试是由美国著名心理专家 David D Burns 博士设计的一套各种忧郁症的自我诊断表,不妨来个对号入座,看看你能得多少分。

请在符合你情绪的项目上打分:没有 0,轻度 1,中度 2,严重 3。

1. 你是否一直感到伤心或悲哀?
2. 你是否感到前景渺茫?
3. 你是否觉得自己没有价值或自以为是一个失败者?
4. 你是否觉得力不从心或自叹比不上别人?
5. 你是否对任何事都自责?
6. 你是否在做决定时犹豫不决?
7. 这段时间你是否一直处于愤怒和不满状态?
8. 你对事业、家庭、爱好或朋友是否丧失了兴趣?
9. 你是否感到一蹶不振,做事情毫无动力?
10. 你是否以为自己已衰老或失去魅力?
11. 你是否感到食欲不振?或情不自禁地暴饮暴食?
12. 你是否患有失眠症?或整天感到体力不支,昏昏欲睡?
13. 你是否丧失了对性的兴趣?
14. 你是否经常担心自己的健康?
15. 你是否认为生存没有价值,或生不如死?

评分标准:

0~4 分:没有忧郁症。

5~10 分:偶尔有忧郁情绪。

11~20 分:有轻度忧郁症。

21~30 分:有中度忧郁症。

31~45 分:有严重忧郁症并需要立即治疗。

职场自救攻略

跟抑郁说再见!

无论你是职场达人还是职场菜鸟，你都想从容自如地应对职场压力吧？下面几招,可帮你彻底告别职场抑郁症。

【保证充足的睡眠】

中医认为,子时(晚间11点~凌晨1点)是胆经的流注时间,此时胆经气血最旺,是人体进行大修的时间,人体最好在这个时间进入睡眠休息状态。

无论有什么工作、心事,都不要影响正常睡眠。睡眠好,精神足,抑郁症状自然可以得到有效的缓解。因此若问职场抑郁症如何治疗,回答只需两个字:睡觉。

【时刻保持心平气和】

其实像冠心病、高血压病、脑血栓、癌症等很多病,都与心理情绪及社会环境密切相关,职场抑郁症当然更是如此。因此讨论职场抑郁症如何治疗,调养情志,保持心态平和,是消除抑郁症心结最为关键的一环。

上班族在处理职场同事关系、工作任务以及人际应酬时,遇事尽量往好处想,往宽处想,把心态放平,以出世的眼光来看待职场的风云变幻,抑郁情绪自然可以消除。

【学习静养身心】

提起职场抑郁症如何治疗,静养身心也是不错的方法。实践证明,人在静养状态下神经紧张度放松,呼吸、心率、血压、体温均相应降低,这种积累效应,自然能够消除抑郁症状。

有规律地进行冥想,或者只是腾出一些时间来闭目养神,都可以放松精神,缓解抑郁、焦虑症状。工作繁忙的人也可以把手机放在身边,在静养状态下闭着眼睛接电话,通话结束后再继续静坐。

职场人士应该尽量参加一些户外活动,闲暇时可以看看电影、电视或听听音乐等。

当通过自我调节一段时间后，如果抑郁症状没有得到明显改善时,可向心理医生求助。

抑郁，并不能改变什么，只对自己的健康和事情的发展起消极作用。不要悲伤，也不要哭泣，相信吧，愉快的一天在等待着你！

第五节　自杀，其实还有更好的选择

2010 年，富士康连续发生员工坠楼事件，一个个鲜活的生命坠落在深圳这座同样年轻的城市。

秒针每摆动 30 下，便有 1 人自我终结生命。随着经济形势的不确定和就业压力增大，世界各国的职场自杀事件都有上升趋势。实际上，职场人自杀现象已经成为所有国家、企业都无法回避的问题。

从 2007 年起迄今，法国电信局（France T é l é com，有 102000 名员工）自杀人员已达 35 人，使它成为工作焦虑症的象征。法国经济社会理事会的统计数字显示，法国每年发生 300 至 400 起职业人士自杀事件，而且，自杀者的年龄跨度越来越大，其中面临事业家庭双重压力的 40 至 45 岁成年人的自杀比例最高。

2009 年 4 月，美国房贷巨头房地美（FreddieMac）的 CFO 大卫·凯勒曼，在弗吉尼亚州家中自杀。

2008 年 12 月，英国汇丰银行的保险部主管施诺尔，在伦敦某五星级酒店的房间里自杀……

谁能阻止自杀？

职场人自杀事件已经有愈演愈烈的趋势。

自杀就像是职场中的一颗定时炸弹，潜伏在人们的内心深处，看不见摸不着，却不知道什么时候就会被引爆。为了遏制自杀现象，全球各界一直都在竭尽智慧与资源协同作战，并不断更新、调整自杀干预手段。1997 年，美国通过了参议院 84 号决议，宣布自杀成为国家性问题，其预防具有优先地位；2008 年，印度成立了“反自杀警队”，专门负责搜寻自杀倾向者，并在有“自杀大楼”之称的贾纳卡普里地区中心的楼顶上，设立了 24 小时的执勤哨所……

自杀事件的发生，不仅牵扯到企业文化、社会心理，也涉及制造业链条、经济发展方式等多个方面。企业管理和企业文化中存在一些问题，使员工丧失满足感、幸福感，产生心理畸变，甚至选择抛弃生命。这种绝望不仅仅有物质上的因素，更多的是出于尊严的贬损、友情的缺失、人之为人的意义感的冲淡。

当地政府和工会等有关组织必须积极介入，在制度管理、心理干预、善后处理等各方面给予指导和劝诫，妥善处理危机带来的社会不良影响。

不可否认，上述努力能够将很多人从自杀深渊中拯救出来。但近几年在经济危机的强力冲击下，这些由当事人外部实施的自杀干预手段的效果开始逐渐低于预期。乍一看，当前日本的危机似乎并不显著，尤其在灯火通明的首都东京，几乎没有任何抗议，也没有人对公司主管们的无能施以道德讨伐。实际上，从 1998 年到 2009 年，连续 12 年日本自杀人数超 3 万。韩国的自杀率也不断上升。除韩国明星接连自杀外，就连曾在执政期推出“预防自杀 5 年计划”的前总统卢武铉，也于 2009 年 5 月 23 日跳崖自杀。经济危机也让美国纽约市的自杀热线电话变得更加忙碌起来。这个热线电话昼夜 24 小时接听电话，2008 年共有 5.4 万名有自杀念头的纽约人拨打这个电话，平均每天接 150 个电话，每 10 分钟就接到一个电话。在过去两年中，电话接听量增加了 28%。

当今这个多元化的社会充满了不确定性，职场人士的角色转换愈发频繁。人际与情感关系方面的压力甚至远大于工作压力。与此同时，在经济危机的冲击下，很多职场人的安全感严重下降，一些突如其来的变化或刺激，会让人们的心理产生超乎以往的巨大波动，进而诱导他们试图通过自杀寻求所谓的解脱。

现代职场中员工越来越年轻，他们中多数都是独生子女，养尊处优，在成长过程中所经历的苦难较少、曲折不多，因而承受挫折的能力很差，受不了打击。而现代转型社会各种挑战、竞争、选择、困难、下岗等尖锐矛盾，冲击着本就心理脆弱的他们。

职场自救攻略

【保持内心温暖与明亮】

内因大于外因。预防自杀的最好办法是自我心理调节。

从微观层面来看，最有效的自杀干预是保持内心的平衡。尤其是在经济环境不明朗的情况下，职场人更要提升自我心理调节能力，只有内心始终保持一份温暖与明亮，才能在生活和工作中进退自如，宠辱不惊，才有可能永久断绝自杀的念头。

对于可能因工作压力过大带来抑郁、自杀倾向的职场人来说，最好的解决办法就是在事前、事中、事后做好自身的压力管理，比如在加入某家公司之前，要详细了解这家公司的文化，例如加班就是该公司企业文化的一部分（起码是不反对员工加班），那么作为应聘者就要在入职前了解他们通常加班多长时间，如果难以承受这样的压力，可以不选择。

通常，职场人士，尤其是其中的精英分子，展现在人前的往往是强势的一面，他们在职场上呼风唤雨。但实际上任何人都有"弱"的一面，在遭遇某些挫折时，那种既不容忍自己弱点，亦无法宽容他人不足的所谓"强势"，极易令人在现实中产生迷失感，甚至对自己的存在价值进行彻底否定。所以，职场人要学会以博大的心胸包容一切，既接纳自己也接纳别人的长处短处，保持多层次、多角度考虑问题的习惯，切忌主观化、极端化，保持内心的温暖与明亮。

除强势之外，职场人的社交行动多以利益牵引，真实的人际关系匮乏。可以这样说，应酬不断的他们其实长期处于孤独之中，再加上自我构筑"强势"壁垒，很多人既没有也不愿向知心朋友宣泄自己的不良情绪。事实上，这种不良情绪的长期郁结，必然导致人的内心世界的“失明”，这一点也是促使职场人走上自杀这条不归路的重要心理因素。因此，在做到能够接纳自身不足之时，还要勇于向亲人、朋友乃至心理医生寻求帮助，通过真诚的沟通驱散内心世界中的种种阴霾，远离自杀困扰。

当然，构建乐观主义的人生观并非易事，作为职场人要改变某些自己不想改变、不能改变甚至不愿改变的习惯或认知，这一自我救赎过程既需要勇气，也需要智慧。

【生活是美好的——写给企图自杀的人】

作者：契诃夫

生活是极不愉快的玩笑，不过要使它美好却也不很难。为了做到这点，光是中头彩赢20万卢布，得个“白鹰”勋章，娶个漂亮女人，以好人出名，还是不够的——这些福分都是无常的，而且也很容易习惯。为了不断地感到幸福，那就需要：(一)善于满足现状；(二)很高兴地感到：“事情原本可能更糟呢。”这是不难的。

要是火柴在你的衣袋里燃起来了，那你应当高兴，而且感谢上苍：多亏你的衣袋不是火药库。

要是有穷亲戚上别墅来找你，那你不要脸色发白，而要喜洋洋地叫道：“挺好，幸亏来的不是警察！”

要是你的手指头扎了一根刺，那你应当高兴：“挺好，多亏这根刺不是扎在眼睛里！”

如果你的妻子或者小姨练钢琴，那你不要发脾气，而要感激这份福气：你是在听音乐，而不是在听狼嗥或者猫的音乐会。

你该高兴，因为你不是拉长途马车的马，不是旋毛虫，不是猪，不是驴，不是茨冈人牵的熊，不是臭虫……你要高兴，因为眼下你没有坐在被告席上，也没有债主在你面前，更没有跟主笔土尔巴谈稿费问题。

如果你不是住在十分边远的地方，那你一想到命运总算没有把你送到边远地方去，岂不觉着幸福？

要是你有一颗牙痛起来，那你就该高兴：幸亏不是满口的牙痛。

你该高兴，因为你居然可以不必读《公民报》，不必坐在垃圾车上，不必一下子跟三个人结婚……要是您给送到警察局去了，那就该乐得跳起来，因为多亏没有把你送到地狱的大火里去。

要是你挨了一顿桦木棍子的打，那就该蹦蹦跳跳，叫道："我多运气，人家总算没有拿带刺的棒子打我！"

要是你妻子对你变了心，那就该高兴，多亏她背叛的是你，不是国家。

依此类推……朋友，照着我的劝告去做吧，你的生活就会欢乐无穷了。

生活是美好的，为什么要自杀呢？很多人在漫长的一生中都曾经有过自杀的念头，但绝大多数都是一闪念而已。如果有自杀的勇气，更要有活下去的勇气。毕竟，还有很多事等待你去做，很多人在关心着你，也有很多人需要你的关心。

第六章 职业瓶颈难突破

职业生涯犹如人生，每一个阶段都会出现阶段性问题与困惑。人的一生要经历年少懵懂时期、青春叛逆期、中年危机等不同的时期。职业生涯亦如此，从刚踏入职场的懵懂与无知到职业发展上升期到职业发展瓶颈时期再到职业发展复苏、上升……在职业生涯发展中，瓶颈期是职场人士都不想遇到，但又不能避免的时期。它是一条分界线，顺利通过了就会迎来职业发展的另一个高峰，前途不可限量；如果在这里跌倒了，将会给职业生涯蒙上阴影，处在进退维谷的尴尬境地。因此，如何在遭遇瓶颈时寻找突破点，直接关系到一个人未来职业发展的成就！

第一节 职业倦怠没那么可怕

无论是初出茅庐的职场菜鸟，还是混迹职场已久的老鸟，当上班的铃声成为梦魇的开始，当休假成为梦寐以求的期待，当日复一日的工作让你感觉就像左手摸右手一般索然无味，职业倦怠可能已经悄然成为你职场生涯的牵绊了。

职业倦怠，其实是一个舶来品，原词是 Job Burnout，由美国神经科医生费登伯格 1974 年首次提出，指在职业环境中，对长期的情绪紧张源和人际关系紧张源的应激反应而表现出一系列心理、生理综合征，是一种个体无法应付外界超出个人能量和资源的过度要求而产生的身心耗损。从英文字面上我们就可以读到这样的信息：是工作让你产生了身心疲惫的状态。

据有关调查，职业倦怠多发于白领阶层，可以说是一种"都市病"。中国目前有 70%的从业人员表现出了各种程度的倦怠症状。而近年来，由于激烈的职场竞争，现代职场人士产生职业倦怠的时间越来越短，有的人甚至工作 8 个月就开始厌倦工作，而工作 1 年以上的白领有超过 40%的人想跳槽。上海一项调查显示：在同一岗位工作满两年的人中有 33.3%的人出现了职业倦怠现象。

【工作都不用动脑子】

24 岁的欣大学毕业后顺利应聘到一家房地产公司做销售部秘书。文秘专业的她做起这份工作来得心应手，打字、准备合同、播放售楼部的背景音乐……两年了，她每天就这样机械地做着这类"脑子都不用动"的工作。这份工作对她来说没有挑战，不需要激情，学不到新的东西，随着年龄渐长，她也想过跳槽，可是不错的薪水让她犹豫了，她很厌烦这样日复一日的单调生活，却没有改变的勇气。

【人际关系让我疲于奔命】

聪颖、漂亮的菲大学里学的是会计，这个专业让26岁的她在初入职场的几年里如鱼得水，好工作总是唾手可得。在工作初期，她的专业素养得到了公司上下一致的认可。不过好景不长，大概是天妒红颜吧，每间公司的女同事总会在不久后对她表示出敌意，于是她不得不在3年内换了8份工作。她一直以为像她这样才貌双全的女人不需要攀附着人际关系生存，外貌与能力才是硬通货。而且，她也从不参加女同事八卦无聊的午餐会，也从不和她们探讨超市购物的省钱窍门，她有自己的朋友圈。于是，毫无例外，每间她工作的公司女同事都对她有惊人相似的评价：傲慢、轻狂、目中无人……就这样，人际关系让菲疲于奔命，一次次铩羽而归，而她对工作的热情也不复从前，感到身心俱疲。

【做一天和尚，撞一天钟】

32岁的晴已经在一家知名的跨国公司里做了8年，其间，她用了5年的时间从一个实习生奋力爬到了部门经理的位置。要知道，在这家外国公司里，部门经理已经是中国籍员工可以达到的最高位置。做了3年的部门经理，一切对她来说已经驾轻就熟。但是，这种过于安逸的生活不仅没有让她感到轻松，反而越来越厌倦。因为她不确定，在以后的几十年中，她的明天是否将是今天的翻版。当然，她也不是没有想过自己创业或换家公司，但却无法割舍这里熟悉的氛围和优厚的薪酬。在这种矛盾的状态下，她对工作产生了应付的想法，做一天和尚撞一天钟，成了被惯性推着走的、没有方向的人。

【不敢说“不”害苦了我】

内向的斌40岁了，在一家五星级酒店的公关部属于另类。他很有自知之明，从来不和那些巧舌如簧的同事抢风头。学美工的他只是专心做好自己的本职工作，将公司的广告、招贴、宣传画等做到尽善尽美。他这种踏实肯干的工作态度被老板看在眼里。部门经理跳槽后老板竟认定他是最佳人选，就这样他勉为其难地成了公关部经理。任职不到一年，他几乎被新工作搞得崩溃了。公关部经理任务杂、要求高，应酬多，性格内向的他感到压力重重，觉得很多时间精力都花在了无谓的事情上；对老板汇报时，从老板的脸色中他读到了越来越多的不满，而他也对这份工作产生了前所未有的厌烦和抵触，他知道是自己当初不敢说“不”害苦了自己。

其实，只要是职场中人，类似上述职场人士的职业倦怠或多或少都会有。如果某一天，你突然感觉自己精力不济、力不从心、身体不适，甚至心力交瘁，那么，不要慌，是职业倦怠这位不速之客不请自来了！

职业倦怠并不可怕，可怕的是，我们意识不到它的危险性，听之任之，不想办法去解决这个不大不小的危机。

职场自救攻略

对于职业倦怠，我们也不能盲目地一棍子打死，要找出“病因”，“对症下药”。

【因工作本身引起的倦怠】

类似上面案例中的欣的职场人士，产生职业倦怠往往是因为同一种性质的工作做久了，没有新鲜感、成就感，就会有一种“吃剩饭”的感觉，自然觉得没有意思。

其实，“剩饭”也好，新鲜菜也罢，关键是要调整好自己的“口味”，不断地变化一些花样，就像黑咖啡喝起来是苦，但是加点奶和糖，就不再苦涩。一个人的工作态度，也会影响一个人的工作情绪。如果你的工作态度总是消极的、退缩的、推诿的，当然不会有成就感，尤其当你工作所需的专业技能一直没有精进时，你更容易产生枯竭感，因此，不断地充电，充实专业知识，保持热诚、积极的工作态度，才能使自己乐在其中。即使在为售楼处播放背景音乐这样简单的工作中，你也可以找到成就感，比如，你可以尝试根据不同的天气、不同的氛围选择不同的音乐。记住，没有乏味的工作，只有乏味的人。

而对于上述案例中提及的晴的情况，我们可以看出来，晴对自己部门经理的职位之所以感到厌倦是因为这份工作对她来说就像没有设计图的搬砖似的体力活，体现不出她的价值所在。根本原因还是在于缺乏人生的方向与目标。如果她清楚自己要成为什么样的人、想过什么样的生活，即使

一路走来坎坷不平，也不会因一时失落觉得疲累不堪、抱怨连连。

如果你是一位职场精英，做到了一定的位置，高不成低不就，那么不妨为自己再做一次生涯规划，确立人生的大方向与目标，当然，这绝对不同于你刚入职场的那一份。做好这一次生涯规划将有助于你在工作中重新自我定位。如果你一时找不到生涯目标，不妨将现阶段的个人方向和目标与公司的发展相配合，与同事共同讨论一些方案，拟个三大目标或四大计划，再拆解成每天的工作小目标，这样你就不会感到迷失在工作堆中，找不到方向了。

【对人际关系引起的倦怠】

对于上述案例中提及的菲，她产生职业倦怠主要是由于和同事不愉快的人际关系引起的，尽管她的工作能力无可挑剔，但是职场生涯，不仅仅是拼专业素质，融洽的人际关系也非常重要。

其实只要留心，你就会发现，在公司里活得最不开心、工作做得最差的往往是那些人缘不好的员工。新员工学历傲人，唯我独尊；老员工资历不浅，心中不服；事业一筹莫展的人总想和别人比个上下高低……这种复杂的人际关系会让你感觉无所适从，难以充分发挥自身才华，造成抑郁情绪，产生职业倦怠。

其实，对于菲来说，给自己创造良好的人际环境就是为自己积累财富。不要总不屑于和别人为伍，人毕竟是群居动物，如果总是拒人于千里之外，久而久之，自然不会有人和你交往。光有专业特长，而没有和三教九流打交道的能力，工作一定做不舒心，毕竟在各个环节都需要别人的配合。

工作心理学家告诫职场人士在工作中要把握以下“五不”原则：倚老不卖老；弹性不固执；幽默不伤人；关心不冷漠；真诚不矫情。所以放下架子吧，这样你才能告别职业倦怠，迎来事业上的新突破。

【对于组织的不满】

一个人如果找到适合自己性格、气质和爱好的工作职位，做到人和工作的最佳匹配当然最好，这样就好似鱼归大海，鸟回蓝天，你必定会在工作岗位上大放异彩，大展宏图。相反，再好的岗位，如果不符合自己的喜好和特点，一段时间后，就会使人厌倦，出现职业倦怠，就像上述案例中的斌。如果斌不是勉为其难地接受领导的"重用"，还是待在原来的岗位上，他也许会成为业内响当当的设计师，但是可惜，老板并不懂得知人善任，也害苦了斌。

如果目前你的职位不是你所爱，如果你仅仅是看在"钱"的分儿上才疲于应付，那还是劝你长痛不如短痛，找个机会向老板言明自己的处境和期望，坦陈这一岗位不适合自己的理由，让老板帮助你找一个能发挥自己专长的位置。

当然，如果你所在企业的经营理念、人才培育做法与你的价值观不能兼容，而且你经过长期的调整仍不能适应时，恐怕就只有做转职的打算了。当然，跳槽并不是解决职业倦怠的最好方法，面对职业倦怠，我们还是要多从自身找原因，找方法去解决。毕竟每一次工作经历都是一次锻炼，每一个职业岗位都值得珍惜。

工作量大、体力消耗严重，并不能真正累垮一个人；但精神不振、情绪不高，长此以往，在职场上，却可以毁了一个人。对于职业倦怠，想要治标治本的话还得要培养、保持乐观心态，不轻视自己、勇于挑战困难才是正解。

第二节　职场"闲人"，警惕"安乐死"

在职场中，有这样一批看似幸运的人：工作体面、清闲，重复性强，容易掌握，而薪水不菲。也许在很多辛苦打拼的职场人士眼中，这样的一份"好"工作是他们梦寐以求的。真的是这样吗？

人人都想拥有一个安逸的工作，对着那么多忙得恨不能长出三头六臂的职场人，做个职场闲人似乎更加轻松自在一些。一天的工作一两个小时完成，剩下的时间随心所欲。可是，有很多闲人都不曾考虑到：安逸的环境会放松人的神经，暂时的安逸会带来适当的休息，可长期的安逸只会消弱职场的残酷竞争力度。使自己丧失竞争力。

如果有天面对突而其来的大敌，长期松懈的神经已经不能让人立即行动起来采取一切办法积极防御，结果也只能是被毫不留情地置于死地。最终招致大祸临头，悔之晚矣。

职场是最狡猾的猎人，总是在给你令人艳羡的工作之时，又把危机置于你的周围。只是职场"闲人"都没有意识到而已。

小风的学历不高，中专毕业后，靠熟人介绍到一家药店当了营业员。这是一家效益不错的门店，店员的工资待遇很不错，福利有保证，工作环境也很好。对此，小风很满足，他觉得自己目前的状况是"比上不足，比下有余"，虽然没有那些在大型外资企业工作的同学待遇好，但却要比在其他服务行业工作的同学好得多。最重要的是劳动强度不大，工作也很稳定，即便是裁员，一般都落不到他头上，因为介绍他进来的熟人和店长的私人关系很好。

转眼两年多过去了。小风发现身边的朋友都在一步一步走上管理岗位的时候，自己却仍然在这个药店做营业员，别说远的，就连和他同一时间进药店的张华，前阵子也被提升为店长助理了。他越想越不是滋味，找店长谈判："为什么张华干了两年后，都能获得升职和发展空间，而我却得不到提拔？"店长委婉地告诉他："我们需要用心工作的店员，也只提拔这样的店员。一个在工作上总是拈轻怕重、没有进取意识的人，一个不把药店的绩效考核当回事，也从来没有超额完成过任务的店员，是不适宜安排到领导岗位的。"

事实上，在刚刚进店的时候，小风和张华的学历、能力相差无几。不过随着时间的推移，两人的表现就有差别了：小风是个爱玩的人，等掌握了基本的工作程序以后，平时没事，就与其他员工聊天、吹牛。张华则不同，他除了做好本职工作外，还对其他业务很感兴趣。平时，他喜欢看药店所订的报纸期刊，读药学知识与药店管理方面的文章，丰富自己的知识结构。另外，他还自学电脑，考取了电脑程序员。总之，在业余时间，张华一直都在“充电”。

小风看到张华这样忙碌，颇有些不以为然：“我们都是药店员工，干好自己的本职工作就行了，劳心费神地学习这些一时半会用不上的东西做什么？”张华只是笑笑说，自己只是想多学点知识，说不定什么时候就用得上。小风还是我行我素，每天除了工作，就是和同事聊天、出去玩。而张华还是一如既往坚持学习，拓宽自己的视野。日子一天天过去，张华的计算机等级证也到了手。由于勤奋，药店的所有业务他都能拿得起放得下，业余写的稿件也有几篇在专业报纸上发表。两年后，两个人有了截然不同的命运：张华俨然是店里的中流砥柱，因为能力强、业务熟，被提升为店长助理，而小风要不是因为有熟人的关系，或许早都被经理辞退了。

这就是职场“闲人”的典型下场。不少职场“闲人”在熟悉的工作环境中，由于工作上没有多少压力，因而安于现状，不思进取。日复一日，年复一年，慢慢变得麻木起来，直到落伍于形势发展的需要，甚至被淘汰。

职场自救攻略

在忙碌焦躁的职场中，能够得到一份安逸的工作其实是一个让人称羡的事。但是如何防止这份安逸渐变成阻碍你前进的绊脚石，这其中还是大有学问的。

有句古话说得好，“生于忧患，死于安乐”。面对得天独厚的“顺境待遇”，职场“闲人”要正确看待，不可忽视了在顺境中保持应有的警惕性和危机感。如果没有居安思危的忧患意识，是难以产生上进动力的。并最终会由于安于现状，沉湎于目前的舒适生活，而最后被“安乐死”。

其实，小到个人，大到企业，都应该有居安思危的意识。如果没有这种意识，我们就无法做到“未雨绸缪”；如果不能“未雨绸缪”，我们的事业将永远处于一个低端运行之中，甚至会因为忽然“触礁”而沉没。

在企业管理中，在居安思危理念的指导下，小天鹅的“末日管理法”为我们提供了典范。在同行业中被称为“大哥大”的小天鹅全自动洗衣机，销量多年位居同行业第一，鼎盛时期的全国市场占有率达 42.2%。该集团董事长朱德坤对员工有一个这样的要求，要唱好两首歌：一首是《中华人民共和国国歌》，一首是《国际歌》。他强调：小天鹅的处境就像《国歌》里唱的那样"到了最危险的时候"，大家要明白"世上没有救世主"、全靠自己救自己的道理。小天鹅把"末日管理"融入到决策、生产、销售、服务等各个环节之中，特别是把高标准的质量管理作为企业"末日管理"的核心环节来抓。

一次，有一批小天鹅洗衣机已装上火车准备发往广州，在抽检时却发现有一台洗衣机的排水管有轻微的漏水现象。有的人认为，排水管轻微漏水不算质量问题，换一根排水管就是了。事情反映到朱德坤那里。他立即赶到现场，要求对600台洗衣机全部开箱检查一遍。尽管最后检查结果只有两台出现类似问题，但全厂员工的质量意识从此却提高了。

"末日管理法"的核心就是：让每一位员工知道，任何一个程序上一个微小的失误，都会产生有瑕疵的产品。这种不合格的产品一旦流进市场，就会损坏消费者对于公司的信任，给企业造成难以挽回的损失。

而对于职场中的"闲人"来说，光有忧患意识显然不够，最重要的还是要行动起来突破"安逸"的瓶颈，解决这潜伏其中的危机。

在工作比较熟练、没有太大压力的时候，不妨将这段时间作为自己知识和能力的储备期。在别人闲聊、休息的时候，可以接触你感兴趣的工作，参加一些相关的培训，不断给自己"充电"。当别人在职场中慢慢被"煮熟"的时候，如果你一直没有放松对自己的要求，在不断为自己接近目标增添筹码的话，当取得相应的学历和知识后，你就做好了应对新的挑战的准备，不论是企业重组，还是升迁、跳槽，你都会因为具备了优于他人的条件而从容面对。那些在职场中慢慢被"煮熟"的人，当醒过来的时候，才会忽然发现：懂得不断磨砺自己、一步步向目标靠拢的人，已经悄悄起步迈向成功了。

总之，如果不能随时保持一份积极上进、居安思危的心态，就不会在工作中兢兢业业，认真对待每个工作细节，也就难以赢得上司的认同和好感，无法取得职业晋升的机会。我们要记住，有时候太舒适的环境反而处处危机四伏，习惯的生活方式，也就是你最危险的生活方式。只有随时保持一颗上进心，并辅以具体的目标和行动，才能为自己争取更为宽广的职业发展空间。

在职场这个战场上，即使你在享受安逸的时候，也别忘了要把手中的枪磨亮点，因为你不知道什么时候就会用到它。

第三节　冲破职业生涯的"生理极限"

在竞争激烈的职场打拼，就如同在进行一场不间断的百米跨栏比赛：一个又一个障碍横亘在你的面前，绵延不绝。初入职场的我们精力充沛，斗志昂扬，也许可以轻松跨过一个个障碍，但是随着路程不断加长，栏高不断增加，我们渐渐感到气喘吁吁，力不从心。直到有一天，终于筋疲力尽，身体到了一个无法突破的"生理极限"。

【极限在哪里】

张蒙，23岁。所在的企业是一家以高淘汰率著称的电信企业。领导会给每个新人制定一个远远超出他能力的目标，然后逼迫其不断地向目标前进。张蒙作为一个新人，当然不会例外。

一次，领导交给他一项程序设计任务，里面有许多新名词他以前连见都没见过，对他来说，这项任务极具挑战性。为了完成任务，他使尽浑身解数：买专业书籍、上图书馆查资料，甚至打电话回学校向老师请教。就这样不眠不休，终于在规定时间内完成了这项"不可能完成的任务"。

当看到领导满意的微笑，张蒙以为自己终于可以喘一口气，歇歇了。经过这一阵超负荷的忙碌，张蒙感到身心俱疲。可没想到，过了一阵子，领导又拿着一沓厚厚的资料，微笑着对他说："小张，上次的任务完成得不错，现在又有一个新课题，交给你做，一定要做好呀。”张蒙睁着还没完全退掉血丝的眼睛，一阵头晕目眩：我的极限在哪里？他感到自己似乎不适合在这里超负荷工作，也许是该考虑离开的时候了，尽管他一直对这份工作充满了期待和激情。

【迟早会倒下】

汪黎，今年29岁，是一家广告公司的部门经理。按理说正是干事业的青春年华，可是她却常常感到力不从心，惊恐地想起“过劳死”。

汪黎的职业特点决定了没有新点子，没有新策划，就意味着职业生命的死亡。她必须不断地挑战极限。为了做出令客户满意的设计方案，晚上八九点下班是常事，如果一个设计方案通不过，通宵熬夜也很正常。近来，公司同时接了几个单子，部门里的人天天加班，她作为领导，当然更不敢懈怠。快一个月了，披星戴月，没休过一天。

当然，汪黎现在还撑得住，因为她安慰自己，熬过这阵子，就可以解脱一会儿了。接踵而来的奖金、休假似乎就是她现在辛苦支撑的动力。可是，由于高强度的工作，汪黎的大脑常常会一片空白，出现短暂性失忆，曾经让她激情四射的设计工作也会让她有被掏空的感觉，她越来越觉得工作没劲。“我这是怎么了？难道，我当初的选择错了吗？我该走还是留？”夜深人静的时候，汪黎也会反复问自己，但是没有人告诉她应该怎么办。

杜鹏35了，他是十年前和妻子一起丢下了令人艳羡的稳定工作，下海弄潮。十年的时间不算长也不算短。十年之前，他们两个光杆司令，从接第一单外贸加工的订单做起，到如今，已经在业内做得风生水起，不仅培养了稳定的客户群，而且市场还在不断扩大。

回想起十年中的辛酸，杜鹏也是十分感慨。当年，为了一笔不大不小的订单，杜鹏要亲自联系厂家，签订合同，招募工人，监督产品质量，甚至工人的伙食都要亲自过问，事无巨细，都要处理。他来不及叫累，因为一件又一件的事情，让他来不及思考，他觉得当时整个人都像燃烧起来一样，所有的潜能都被逼着发挥出来，纯粹靠着一股精神支持了下来。

回顾那段日子，他觉得非常难得和宝贵，“挺过去就是一个艳阳天！”也许正是当年的咬牙坚持，让他跨越了可怕的生理极限，也为他今天的成功奠定了基础。

的确，当职业生涯中面临无法突破的困扰，也就是“职业极限”时，不同的人有不同的抉择：有的人，比如张蒙，选择停步，打算承认失败，黯然离开；有的人，比如汪黎，由于不堪重负被绊倒，摔得伤痕累累，却又一片茫然，不知道何去何从；而有的人，比如杜鹏，稍事休整，调整步伐，咬牙坚持，并最终冲过终点，攀上了职业生涯的又一个高峰。

那么，身在职场的你，不妨试问一下自己，是否已达到你的职业极限负荷，又或者是正处在这样一个极限的极点之上，苦苦挣扎，又抑或是已克服一个又一个极点，向自己职业生涯的又一个高峰冲刺？

职场自救攻略

就纯粹的生理极限来说，每个优秀的运动员都会经历极限疲劳的问题，只有不断超越自己能力极限的人才有可能取得佳绩，攀上自己运动生涯的最高峰，也许在挺过极点之后，重又找回原来轻松自如的竞技状态。

那么作为职场中人，会因为这样那样的原因，或早或晚遇到了自己的职业“生理极限”，那么如何突破这个极限，找回最佳状态呢？

【让自己更强】

同样的跨栏高度，对有些人来说不可逾越，对有些人来说却可以轻松跨过。撇开其他客观因素，能力高低是关键。如果没有金刚钻，硬要揽瓷器活，当然要碰壁了。那么，如何才能让自己变得更强，消灭横亘在自己面前高高的“栏杆”呢？

首先要学会从工作中学习。完成一项工作，就要学会从一项工作中学习必要的技能和技巧，积累经验，这样才能更好地完成以后的任务。比如上述案例中的张蒙，他倾尽全力按时完成领导交给他的第一项任务，等到第二项任务安排下来时，他已经感到心力交瘁，无法继续了。诚然，这在很大程度上是因为第一项工作耗费了他太多的心血，他没有信心，也没有能力再完成后续的工作了。其实，张蒙忽略了很重要的一点，在短暂的喘息之时，他没有好好总结第一项工作中的得与失，没有及时调整自己的工作方法和工作态度，因此，当他接手第二项工作时，觉得又要重头开始，心中没底。

其实，一般情况下，上司在交代下属工作之前，往往都已经对下属做了一段时间的观察与考核，在认为他有能力胜任某项工作之前，才会把工作放心交给他去做。所以，在接到某项任务前，要明白，这是上司对自己信任的表现，相信自己的能力可以完成这项工作。如果确实感到时间紧、任务重，也可以坦率真诚地跟上司说明自己的困难，寻求帮助。万万不可轻易地否定自己，主动承认失败。另外，除去个别特殊的行业，许多职业的许多工作或多或少有一些相似和重复性，只要将前面的几个“栏”找对方法跨过去，后面的“栏”就会好跨得多。

其次，要突破自我障碍。要对自己有信心，在相信自身能力的基础上全面审视你的素质。比如，你想成为一个中高层管理人员，那么，就要针对管理人员应有素质，如战略判断力、目标、计划制定能力、组织能力、积极性、责任心、激情等各方面进行对照，如果你缺乏组织能力，就要切实提高。全面认识自己、弥补自身素质缺陷是一件难事，必须痛下决心，突破自我障碍。

你所设计的职业生涯的不同阶段，需要角色的转换，转换的前提是自身能力的提升，以及你的提升要进入上层领导的视野。我们经常看到一些忠诚勤劳的优秀员工，他们习惯埋首做事，领导固然清楚其做出了很大贡献，但看到他们一讲话就脸红，就颤巍巍，怎么委以重任?所以，克服自我障碍非常重要，该大胆时就大胆，该出手时就出手。

最后，多向老同事学习。在一个公司中，总是有一些中流砥柱，他们往往挑大梁，在公司的核心业务中起着重要作用。我们在职场中打拼，一定要谦虚地向他们学习、取经。因为，很可能我们正经历的所谓“生理极限”，他们也经历过，而且已经顺利跨过。和他们多沟通，多交流，也许他们会提供给你宝贵的经验和方法，让你少走不少弯路，而且可以更快地越过自己的职场“生理极限”。此外，如果有高级别的培训，一定要积极为自己争取，这是提升自己能力的最便捷途径之一，可以更加快速、有效地提升你的工作价值。

【改变方向】

如果你怎么努力也不能克服眼前障碍，突破“生理极限”，那么可能不是栏的问题，也不是你的问题，只是你的努力弄错了方向。

当眼前的工作并不能给你带来乐趣与成就感，它对你的意义开始转变时，你要反省一下，目前的工作到底适不适合作为你的终身职业。一味钻牛角尖并不可取，一次次在自己本不该跨越的栏杆前撞得头破血流，这又是何苦呢？“天生我材必有用”，找到更好的方向，你能跑得更远，跨得更高。

遇到这样的“极限”，一般有两种途径来突破，要么在原公司寻找新的职位，要么就是通过跳槽获得更好的发展机会。如果选择跳槽，要盘点一下自身的工作资历，如人脉关系、管理经验等。比如，上述案例中的汪黎，从工作资历来看，她其实已经站在一个较高的职业平台上。她的业务能力较突出，有领导一个部门的能力，且在该行业里有近 10 年的工作经历也将成她职业转换的砝码。为了减少跳槽成本，她其实可以选取跟自己目前所从事行业有关联的行业转型，职业定位可以是同等规模公司的部门总监，或者如果能找到一个很有发展前景且规模也不错的公司，那么也可以从部门经理做起，再寻求内部发展。

【暂时休整】

人不是铁打的，跑累了一定要休息。如果发现自己出现极限负荷症状，不能掉以轻心，可以休假去名山大川走走，回老家探探亲友，或去医院做专业治疗，把重心暂时从工作中移开。休息是为了更好的工作，暂时的休整会让你未来以更好的状态去面对工作中的种种挑战。上述案例中的杜鹏便是如此，在事业稳步之后，他便和妻子每年抽出一段时间去度假，放松心情，调养身体。他认为，这样会让他获得工作和生活的平衡，让自己真正懂得如何驾驭自己的人生。

职场人士们，何不把你的职业生涯分为若干个小小的目标，分得越细越好，这样更便于用很短的时间逐一解决问题。不妨试试看，这样可以越来越增加你的自信心，越来越忽略你的生理极限问题。

第四节　遭遇"三年之惑"莫要慌

二十多岁，是一般白领刚刚步入职场的年龄，此时他们刚刚从大学毕业，涉世未深，独立、自信、精力充沛、干劲十足，所谓"初生牛犊不怕虎"。然而，随着时间的推移，三四年后，有些人往往会遭遇职业生涯的第一个瓶颈——三年之惑。当然，这里的三年只是泛指，表示我们初入职场的一个时期。

Mary 今年 25 岁，在一家大型外企的策划部工作，到今年 7 月，她就已经工作满两年了。不过，她感觉自己还是个"社会新鲜人"。目前，她和同事相处不错，也在努力适应工作环境，工作成绩也得到了大家的认可。但令她矛盾的是，目前的工作特性和她的兴趣并不那么相符，自己的特点也没能在工作中发挥出来。这是一家德国公司，制度严格得近乎刻板，这让喜欢自由、开放氛围的 Mary 终究无法融入。也许是因为还处于一个起步阶段，所以她自我提升、发展的愿望很强烈。有时也会犹豫是否该换个更适合自己的工作，不过还是鼓励自己做下去。但她无法预期是否能按自己的既定规划往前走。她觉得自己正在经历职业生涯的第一个"三年之惑"。

马超，26 岁，大学毕业后，一直做通信工程，在近四年的工作时间里只换过一份工作，从最基层的队员，干到队长、主管，再到现在的项目经理助理，理工科出身的他明显感觉职业生涯遇到了"天花板"。困扰来自四个方面：一是虽然大学时期所读的专业是通信工程，但是因为自己的专业水平一般，而且通信是技术含量比较高的行业，自己很怕去学习那些枯燥的专业知识，感觉自己在通信高端领域做不了，但是在其他领域却没有什么希望，所以一直在疑惑自己是不是不适合在通信行业发展。二是公司属于通信服务商，公司的发展、利润等均受到运营商的影响和限制，工作不稳定、目标不明确、受制于人、很被动，他不喜欢在这种类型的公司工作，感觉在这种公司很难找到志同道合的人，实现不了自己的人生价值，但是不清楚自己适合什么样的公司。三是自己学校名气小、通信专业教学质量比较差，在找工作时吃过很多亏，所以打算去读在职研究生，提高自身的竞争力，但是还不清楚是选择项目管理专业还是通信、电气等专业。四是他的目标是做职业经理人，做技术型的管理人员，但是不清楚选择哪个专业作为基础。

如果你是一个刚刚步入职场不久的职场菜鸟，是否也会遇到像Mary、马超这样的“三年之惑”呢？

20岁至30岁是人生事业发展的起点。如何起步，直接关系到今后的成败。所以解决好了“三年之惑”就能更好地向前发展，如若不然，就会出师不利，一次次碰壁。

从职位上看，这一阶段的人基本上是基层人员，或只做到一般主管，其事业的发展对能力的提升速度有更高的要求。

职场自救攻略

每个职场新人或多或少会遭遇“三年之惑”，此时莫要惊慌，不要有畏难情绪。一定要找出原因，对症下药，如此，才能顺利度过“三年之惑”，去往职业生涯的另一个山峰。

【制定长远的职业规划】

对于职场新人来说，这一阶段的主要任务之一，就是选择职业。因此，要在充分做好自我分析和内外环境分析的基础上，选择适合自己的职业，设立人生目标与计划。要分析自己对本职工作是否有兴趣，从事这项工作有没有职业优势。如果觉得不合适，就要及时寻找与自己能力相匹配的行业和岗位，这样，才会在工作中得到成就感和满足感，从而远离“三年之惑”。

【不断地为自己“充电”】

如果是二十二三岁步入职场，那么一般学历都不是很高，而且，即使是以高学历毕业，现在是一个信息化社会，知识更新的速度极快，所以不想因不胜任工作而跳槽的话，就应注意主动学习新的知识，不断地学会新的工作技能，通过学习，强化自身的竞争力，提高自己的核心价值。日本科学家

研究发现，人的一生工作所需知识 90%是工作后学习的。这足以说明参加工作后学习的重要性。

【适度刺激】

职场新人因为年轻，所以耐不住寂寞，比较浮躁，对工作的热情也不够持久，往往仗着自己的年轻优势，喜欢尝试不同的工作，频繁跳槽，没有长性。其实这是新人初入职场的大忌。在不确定自己是否真的不适合这份工作之前，切忌盲目跳槽。如果发现自己对本职工作热情下降，但又不想失去这份工作的话，可以为自己设计一套独特的奖励办法，如为自己买一束花放在柜台上，或者定期参加一些野外文娱活动。这样，也许能使疲惫的心灵得到一些愉悦和放松，稍事休整，振奋精神重新再来。

【疏导情绪】

当自己在工作中遇到不快或感到郁闷时，可以定期将内心的不满通过多种方式发泄出来。如利用写博客或找朋友倾诉的方式，把自己在工作中的委屈和压抑都说出来，有利于工作情绪的稳定和上进心的保持。

有好多经历过“一年新鲜、两年熟悉、三年乏味”的职场中人，3 年的工作经历，对于他们来讲，无论职业生涯还是技术水平都不能说是新手了，有些员工已找到了合适的目标，并明确了自己想要的东西，但也有些员工没有明确，等到慢慢明白了理想与现实之间的差距，决心要有所改变时，却又不知从何入手。这就像婚姻中的“七年之痒”，是职场中人一个必经的“坎”。我们认为，只要没有形成“老想着会离婚”的心理阴影，痛苦过后，就会发现更美的人生风景在前面向自己招手。

看清自己永远比看清别人要困难得多，一天中要做的事情很多，但真正知道自己做什么？为什么要做的人却甚少！处理好这几个小问题，你的“三年之惑”自然就迎刃而解。

第五节　难以言说的"五年之痛"

三十岁，无论对一个人的事业，还是生活，都是一个很重要的分水岭。此时的职场中人，大多有了五六年的工作经验，按理说已经初尝"江湖险恶"，渐入佳境。然而，不少职场人士还是会感到真切而又急迫的"五年之痛"。

31岁的石俊毕业于国内一流大学的名牌专业——计算机技术与应用。这个在20世纪末红得发紫的专业使得石先生迅速找到了一个令人羡慕的工作岗位。那是一家在出版印刷领域的龙头企业，其产品在报业市场的市场占有率达到了90%以上。新人新岗位新挑战，石俊满怀信心，努力工作，希望通过业绩来证明自己的实力。渐渐地，石俊从一名普通员工成长为一名产品经理，职位的提升、公众演讲时听众专著的神情、帮别人解决难题时的喜悦都让他感到内心的满足。

俗话说，"三十而立"。按理说，以石俊现在的年龄，这个职位也不算低，收入也丰厚。但是他却对现在的职位越来越失望：简单重复的包装、推广、介绍，毫无生气的工作环境以及爱在生活琐事上斤斤计较的上司，都让他感到疲倦和厌烦。他发现自己变了，上办公室成了"不得不"。以前凡事以工作为第一，但是现在工作在他心目中的分量发生了微妙但又是根本性的变化，他不再认为工作就是生活的一切，相反，工作只是一种谋生的手段；以前自己是个做事非常有效率的人，但最近发现自己很懈怠，什么事都不愿意做，只想看碟、玩游戏，答应了别人的事情也往往拖到最后才能完成。

今年是石俊进入公司工作的第五年，他明显感觉自己遭遇了职场的"五年之痛"，想换一个工作的愿望越来越强烈了。但是静下心来想想，好像又没有那么充分的理由。到底换还是不换呢？如果换的话到底换什么工作呢？31岁的年纪还能不能轻易就跟着感觉走？他需要考虑更多实际的问题。

Lucy今年32岁，在一家外企担任部门经理，参加工作已有7年，停留在目前这个职位上也有四年多了，而且看样子可能还会更久。一个人的职业生涯一般也就三十来年。Lucy的第一个十年已过去，第二个十年也快过半了。

处在这样的一个年龄，Lucy其实是满足的，她学的专业是中文教育，毕业后的求职路也一直很坎坷，找不到适合自己兴趣和专长的职位。最后阴差阳错，来到现在所在的公司，很适合自己的发展，所以一直做到现在。如今，她算是公司里的“老臣”，相对于二十来岁的人来说，退去了浮躁，多了些沉稳；相对于四十来岁的人来说，尚有活力，但稍缺火候。不过，Lucy还是感觉到来自各方面的危机，不仅是来自自己本身的，还有来自外界的。Lucy待的这家外企，总经理一级的都是外籍人士，部门经理一个级别的女性就她一个，她如果想往上升，非常困难。而且这几年公司新进的新人都对她的职位虎视眈眈，她感到芒刺在背。而到了这个年龄，Lucy还想把一些精力分给家庭，也没有太多的冲劲在事业上了。在这种状态下换工作，无异于给自己制造危险。但是，危机感仍然时时存在。于是，Lucy一边追求稳定，一边为了寻找自己长远发展的位置渴望成长。

三十来岁，是迈过而立之年的一道坎。这个年龄段的职业人士可以说是公司里的“少壮派”，工作已驾轻就熟，人也开始走向成熟，有足够的能力和精力处理、应对工作上的种种局面。

30岁就如人生的期中考，是检验前阶段成绩的时期，审视过去，思考未来，并自觉不自觉地将此当作人生的重要门槛；许多人还对自己的人生进行了调整：有些打工的自主创业了，有些从这个行业跳到另一行业，此时的思考和调整都是相对成熟而理性的，因而出现了所谓“三十岁现象”。

“三十而立”对男性来讲或许是人生、事业的一个崭新起点，但对许多职场女性而言则更像一道门坎！一边是逐渐远去的青春与活力，一边是越来越大的生活压力。优势不是特别明显，“后生晚辈”则咄咄逼人，自己容易被别人替代，因此难免产生危机感。

职场自救攻略

30 多岁的人就像刚打开瓶盖的香水，香气开始散发，虽不浓郁，但能影响别人。所以，30 岁左右的人在生活中、职场上应该成为骨干。不过，由于压力和竞争，30 岁的人进一步可海阔天空，但如果受了挫折而退却，可能就很难恢复。所以 30 岁的人应该开始对自己有更高要求了。

首先，对于今后的职业规划，一定要及时调整和完善，也许这时候再审视你二十岁为自己所作的职业规划，会发现有一些其实是不切实际的，根本不适合自己，那么在经历了几年的职场历练，更了解自己的你现在再做改变和调整还来得及。

其次，面对三十岁的"五年之痛"，这个年龄段的职场人士常常有被掏空的感觉。所以应该在工作之余多补充一些新知识，提升自身竞争力。毕竟现在是一个知识经济的时代，30 岁的人与 20 岁的人在知识结构上差别较大。只有不断完善自己，更新知识结构，晋升的机会才越多。

第三，慎重对待去留。遭遇职场的"五年之痛"，遇到瓶颈调整是必要的，但是在外界环境不可改变的情况下，三十多岁的你是该换个环境一走了之，还是留下来，通过自我调整来适应环境？

当自己的发展空间狭小、或者发现自己的兴趣和工作相悖时一定要选择离开。而离开的方式有很多，但要考虑的关键问题是行业和专业——是换行业，换专业？还是既换行业又换专业？

如果专业与工作对口，但是自己没兴趣，那么通过考研换个专业就是一个很好的方式。但是这意味着以前积累的经验就损失过半，但是任何时间起步都不晚。如果是对本专业的兴趣还在，只是发展无望而选择考研，那就要慎重考虑了。学历是很好的敲门砖，但也只是敲门而已。毕业后同样要再考虑日后的工作选择问题。

也有人选择离职，但是切记一点——换行业不换专业、换专业不换行业。你在五年之中积累的专业知识、行业经验以及人脉资源将是你日后腾飞的强有力保障。

如果选择留下，那么一定要变思想、变岗位。对于三十多岁的人来说，遇到瓶颈一般是不需要选择离开这种方式的，毕竟已经在相应的岗位上有了多年的积累。但是，留下不是目的，目的是求变———变思想、变岗位，实现人岗匹配，重新焕发活力。

所谓变思想，就是人适应岗位。不妨放个长假，放松一下心情；培养一些新的爱好，比如郊游、打球等，增加与外界的接触；对现有工作的深度、广度、复杂度重新调整，学习新的观念和新的技能；与领导沟通，对自己提出更高的要求等等。

所谓变岗位，就是岗位适应人。你可以申请岗位调动，申请承担临时性的工作或者通过在职学习向目标岗位靠拢等等。在这个过程中，结果/目标是激发你工作热情的原动力。此外，还可以通过高人指点、人才测评等外力规划自己的未来发展，进而实现职业发展的“井喷”。

想改变命运，先改变思想。转变了思维，也就突破了瓶颈。

第六节　40 岁：唤醒职业第二春

俗话说，四十不惑。意思是说，人在四十岁的时候对周围的一切都没有什么顾虑与疑惑的了。的确，四十岁的人生少了二十岁时的年少轻狂，三十岁时的自以为是，多了一份沉稳和淡定。职场上的四十岁人，有了前期十几年的打拼也应该趋于平稳了。然而，四十岁的你是否就真的甘于做这种日复一日平稳的工作，不求再有所突破了呢？答案当然是否定的，职场人士都希望在事业上“升升不息”，然而以四十岁的“高龄”如何应对不断变化的职场，唤醒职业生涯的第二春呢？

那么，先让我们看看翱翔在蓝天的老鹰是如何对待"四十不惑"的吧！

老鹰是世界上寿命最长的鸟类，一生的年龄可达70岁，不过它的一生注定有一道坎：因为老鹰活到40岁左右的时候，它的爪子开始老化，无法有效地抓住猎物；它的啄变得又长又弯，几乎碰到胸膛；它的羽毛长得又浓又厚，翅膀开始变得十分沉重，使得飞翔十分吃力，那有着搏击长空雄姿的老鹰已不能再显威风！

于是，老鹰面临着生死的抉择。这时的老鹰有两种选择：一是等死，二是十分痛苦的重生。事实上，有很多的老鹰没有选择重生，在四十岁的时候因得不到食物而饿死了。而另一些老鹰却选择了毁己喙羽，重获新生！

老鹰要重生得经历一个十分痛苦的过程，前后大约需要漫长的150天。

首先，它得选择好一个理想的地点，必须很努力地飞到山顶，在悬崖上筑巢，准备充足的粮食。要知道，这个时候的老鹰去做这些活时已是很艰难的了，然后它停留在那里，不再飞翔。接着老鹰开始用它的喙击打岩石，忍着饥饿和疼痛，在岩石上日复一日地敲打它的喙，直到它那厚重的老喙完全脱落，然后静静地等候新喙生长出来。新喙长出后，老鹰必须去做一项更为决绝的活，就是用新喙将磨钝的爪子上的指甲一个个拔出，直到长出新的、锋利的爪子。当新的锐利的爪子重新长出来后，老鹰再把它的羽毛一根一根地拔掉。

5个月后，一只全新的老鹰扑腾着它那副新的翅膀，用它那锋利的新爪，还有新喙，继续搏击在长空中，继续飞翔、俯冲、盘旋，继续展现它那咄咄逼人的空中王者的风范。

获得重生的老鹰，从此就可以继续以后30年的光辉岁月了！

从这个小小的故事当中，四十岁的你，是否汲取到了一些力量？其实，年龄的增长并不可怕，可怕的是，面对年龄危机，我们失去了曾经年轻时的斗志和勇气。只要我们能找到危机所在的症结，对症下药，我们完全可以像老鹰那样的重生！

42岁的马晋本科毕业于清华大学的机电一体化专业。在职场打拼了十几年，先后在四家公司工作过。大学毕业后，他被分配到国内某知名汽车

制造企业,从事技术员的工作。由于是国营企业,各项福利待遇都不错,马晋在这家公司一做就是八年。后来,马晋觉得在此岗位上学不到什么东西了,而且长期在国营企业工作,使自己的竞争力都下降了,他想趁自己还年轻,给自己找一份发展空间更大的工作,于是选择离职。之后,马晋应聘进入西安一家电子科技公司,由于发展前景不好,两年后离职。之后,马晋选择到经济发展程度较好的深圳寻求发展。在深圳,他先后在两家电子科技公司工作,职位也由普通的技术人员慢慢升至副经理。不惑之年的马晋想在自己的事业上更进一步,于是将自己的目标锁定在工程部经理的位置,可是几次投递简历与面试后,均无任何消息。他开始怀疑是不是自己不太符合社会的发展,还是自己的目标太高超出了自己的能力范围?他觉得如果自己现在还升不上去的话,再过几年真的就知天命了。

刘艳是一家翻译公司的翻译,45 岁。20 年前的她,可以为了工作通宵不睡,第二天继续上班也没什么;凭着这股干劲和扎实的基本功,领导对她十分器重,但凡大型的会议和重要的文献,都交给她来负责,所以虽然在职业生涯中有好几次让她心动的跳槽机会,她最终都舍弃了。而如今,公司不断招聘新人,而且有几个还是外语学院的专业人才,她渐渐感到了危机。一方面是自己精力不如从前,一到午夜,眼皮就抬不起来,做晚点,其后两三天精神都恢复不过来……体力的确不如从前。另一方面,这些新人无论在专业素养还是实践经验上,都不输于她。而如果现在选择离开,显然不是明智之举,毕竟她还是公司的老臣,公司不会如此薄情。但是昔日风光不再,刘艳又感到一些失落和无奈。

从上述案例中我们可以看出,40 至 50 岁的职场人士的优势和劣势都是显而易见的:

具备了心智成熟、处世老到、经验丰富、专业精湛等优势,是充分显示个人能力的年龄段,而且企业也有多种多样的职务需求,选择的范围和可能性都很大,对有能力者而言,企业的中、高级职务应为其目标。

但是,这个年龄段的人上有老、下有小,其生活、经济压力可以说是一生中最大的一个阶段,因此最害怕健康出现问题,最担心失去工作,工作稳定对他们来说是压倒一切的问题,什么晋升、工作野心反倒是次要的问题;

其事业成功与否似乎也见分晓，很多人一边在原地踏步，一边面对年轻人的快速前进，恐慌着被抛弃。特别对女性来说，不论事业是否成功，她们的世界观、人生观、价值观已定型，物质基础和社会地位已明确，其生存状态也比较稳定，因而生活满意度较高，但同时也最怕出现任何变数。

总体来说，40 岁面临着人生的众多转折，这个年龄透着许多年轻人无法体会的酸楚，还有幸福。处理好了，年龄其实很可能是一个优势，而不是劣势。

职场自救攻略

案例中的马晋从事的是电子科技方面的工作。众所周知，电子技术的发展日新月异，做这一行是要吃“青春饭”的。从事这方面工作的人要不断地学习充电，才能跟上时代技术发展的潮流，这对于年轻人来说都会觉得非常吃力。马晋的初衷没有错，想利用自己多年来积累的丰富经验和对市场的敏锐洞察力，更上一层楼。但他投出的简历回复率很低，究其根源是他的目标定位点与企业的用人要求之间产生了偏差。

马晋 42 岁了，随着年龄的不断增长，学习能力比起年轻人自然是差了一些，因此继续工作在第一线从事研发工作显然对这个年龄的他已经不再适合了。因此，在求职的过程当中，他必须找准自己的定位点在哪里，从哪个岗位切入最适合，对自身及行业与岗位状况做综合性考量。他想要晋升，需要在职业竞争力方面有所加强或者转换晋升的思路。

如果说男性在 40 岁的时候可以迎来事业的巅峰期，而一个女性到 40 岁，在事业发展方面就岌岌可危了。因为时间转瞬即逝，生理上加速衰老，心理上身心疲惫，晚生后辈的奋力追赶……都会使她们失去锐气和动力，事业发展与自己隔开鸿沟，且越来越宽，不可逾越，成了她们心中难言的痛。

有调查显示，40%以上的中年女白领觉得他们面临的最大问题是职业前途迷茫，缺少一个发展平台，最大的困难是看不到发展空间。经常面对十字路口徘徊、举棋不定，不知落到哪里。

案例中的刘艳便面对这样的窘境，一方面后生可畏，另一方面自己却又看不到自己的发展方向，只能“倚老卖老”，辛苦度日，人生的坐标点静止不动，还会产生下滑局面。感觉好像遇到了“玻璃天花板，可望不可即”，上不着天，下不着地，吊在空中、迷茫无路、心中无底、心情压抑。

女性四十岁的职场困境，究其形成原因：一是在早期对职业规划和定位没有充分的意识，对自己在职业发展道路上每个阶段可能会遇到的问题准备不足，因此当问题突然降临时，显得茫然无措；二是职业发展到这一阶段遭遇瓶颈期，不知如何突破，急中出错，找不准自己的定位点，不知向何方突围。这就需要职场女性在此时一定要理性地对待自己的职业发展，万不可妄自菲薄，“缴械投降”。

解决当前困境有多方面的做法，最关键的有两条：

一是要扬长避短，变劣势为优势。将劣势甩掉，然后再凸显所特有的优势，盘活个人所有的长处，叠加岗位竞争力，尽早进行再定位和规划。适时出击，寻求突破，集中优势打歼灭战，将所有的优势变为一个钻头，钻出一个合适职位来。

二是面对飞跃发展的知识爆炸时代，如果再不抓紧时间拼命冲刺，跟上新知识的潮流，就等于把自己推向了落伍的洪流。越是有危机感、落伍感、压力感，就越是应该咬住牙，不间断学习。压力可以是阻力，也可以变为动力，多学一些知识，使自己思维理念更新，知识结构更新，使得自己的知识覆盖面更广阔，职业技能经验更丰富，职位机遇的路子才会更广阔，才会变被动为主动，达到“保鲜增值”。

四十岁，在职场的确是一个尴尬的年龄段。路在何方？路在脚下。只要不懈努力，去奋斗、去努力，就会顺利度过职业“更年期”，迎来自己事业的第二春！如果退缩放弃、放任自流或盲目冲撞，都会导致跌进职业“冰点”。

40 岁的职场人，怎么在这炮火连天的职场安度严冬、迎来春天。即使你已经不再考虑升职晋升、只想着保持原地不动、明哲保身、等待退休的话，也别忘了最安全的自保行动就是进攻这招。所以，不管是 40，还是 50，只要还在职场一天，不想狼狈落地的话，还得要积极努力，储备力量，遇到敌人主动出击，才能做到寸土不失。

第七章 职场晋升路难行

『水往低处流，人往高处走。』没有人愿意碌碌无为虚度一生，也没有人愿意不思进取地一个位置坐到老。只要社会中存在等级制度，那么人一生下来就会本能地往上走，体现在事业中就是得到更多的晋升。关于这一点，拿破仑的那句『不想当元帅的士兵不是好士兵』说得再明白不过了。可是，晋升是一个万人挤过独木桥的游戏，在一个公司中，几乎所有的员工都死死地盯着那仅有的几个职位，最后获得晋升的毕竟是少数人，而更多的员工，只能被挤出局。那么，在晋升之路上遭遇危机的员工，如何才能化解危机，成功上位呢？

第一节　老板就是不提拔

很多职场人士都会遭遇这样的尴尬：在职场已经混迹了几年，自认有了一定的工作经验和技能，在公司站稳了脚跟，也常以公司“老臣”自居。在每一次升迁机会来临之时，总以为：按照排资论辈，这次无论如何该轮到自己了。然后，事实却是，那些比他后来的新人们都一一得到了提升，自己仍然是一个“资深”员工，永远得不到老板的提拔，自己也常常会怀疑，是不是老板的记性不好，把自己遗忘在阴冷的角落了。

李然大学毕业后便进入一家软件设计公司做设计，如今已经快五年了。五年多来，他恪尽职守，兢兢业业，每天早出晚归，始终如一地辛苦工作，甚至和新人一样，把加班当做家常便饭，尽管健康状况已经亮起红灯，他也不以为意。李然对此也一直无怨无悔，因为从踏入职场之初，他便认为，作为一名职员，踏踏实实干好自己的本职工作最为重要。

最近公司又公布了一次升职名额，让李然失望的是，依然没有他。如果以前，他还能勉强接受，认为也许别的同事确实比他强，但是这次的升迁名单中都是比他晚来不少的新人，这让他这个“老臣”情何以堪呢？

李然决定打破沉默，因为他觉得自己似乎真的被老板遗忘在角落里了，不然为什么迟迟不提拔他这样的“优秀”员工呢？

老板听完李然愤愤不平的陈述，并没有发火，只是微笑着对他说：“李然啊，你来公司的时间也不短了。你知道的，要想在咱们公司获得高薪和高的职位，必须具备过硬的专业知识和业务水平。这五年来，你的努力我都看在眼里，也很感动。不过，你没有仔细想过，这三年来，你虽然拼命，但是却用错了方向，设计水平还是停留在五年前的水平，并没有大的突破，即使我看在你没有功劳也有苦劳的分上，提拔了你，你有信心真的胜任新的岗位吗？要知道，职位越高，责任越大啊！你是不是该好好反思反思呢？”

听了老板的这段话，李然羞愧得无地自容，他恍然大悟，其实不是老板遗忘了他，而是他自己把自己给忘掉了，只知道埋头苦干，却不知看看回头走过的路还有身边的人，把自己困在一个角落闭门造车了。

职场自救攻略

其实，在职场上，遭遇李然这样的晋升危机的人并不少见。他们基础不错，工作勤勤恳恳，不追名逐利。可是随着时间流逝，他们的忙碌和辛苦并不为公司所动，老板迟迟不提拔他们，眼看着新人们一个个成为自己的上司，心里自然不平衡："凭什么？"也许一怒之下，和老板拍了桌子，甚至愤而离职，"此处不留爷，自有留爷处"，然而换了地点，情形依旧，依然是一个底层的普通小职员。这时候，你就要反省一下：或许不是你怀才不遇、公司老板有眼不识泰山，而是自己出了问题。

要知道，在竞争激烈的职场，公司老板并不关心你的价值，只关心你的使用价值，如果你不能为公司带来利益，公司为什么要雇用你呢？老板也不关心过程，只关心结果，即使你再辛苦，再努力，如果不能为公司创造价值，那么你在老板眼中，依然是如鸡肋一般，不辞退你，也许仅仅是出于怜悯和同情。

因此，当你一直在原地踏步，总也得不到老板的提拔的时候，先别急着抱怨老板和公司的制度，先静下心来想想自己为公司带来了什么，或者将来能带来什么。

【你是不可或缺的吗？】

二八法则告诉我们，在一个企业中，80%的利润是由20%的人创造的，而其余80%的人只创造了其余的20%利润。问问自己，自己是属于哪一部分？20%还是80%？如果你是属于20%的那一部分人，显然，你对于公司来说肯定是不可或缺的，是公司的中流砥柱，公司无论如何会挽留你的。那么如果你是那80%，那么你只是碌碌大众中的一员，也许对公司来说是可有可无的。你要贸然提出升职加薪的要求，也许只会自取其辱。

【是否准备好胜任新的职位】

在抱怨自己老得不到提升之前,先扪心自问:我够资格做到更高的位置吗?反省自己的专业技能是否能够服众,自己的经验是否丰富,自己的知识贮备是否足够,自己是否具备一定的管理才能,如果你这些方面欠缺,即使老板提拔了你,你也会因为在某一方面的薄弱而落得贻笑大方。

【是否愿意承担更多的责任】

高薪高职虽然意味着更多的薪水,更大的权力,但也意味着更高的风险和更多的责任。如果你之前只是一个按部就班按照上司旨意做事的普通职员,那么一旦到了更高的职位,往往还需要全面的大局观和团队意识,很多时候你需要做关键的决策,或者为其他人指明方向,成为掌舵人,如果一旦做出错误决定,也许会给公司带来巨大的损失。如果你只是愿意踏踏实实做点实事,不愿意冒险,也不敢冒险,那么还是不要只眼红这个职位的高薪,更要多权衡这个职位的利弊,看你究竟能不能挑起这个胆子。

【是否有漂亮的工作业绩】

有些人好像注定要被提升,根本不需要自己争取,似乎他就是老板眼中的红人。也许他很会为人处世,深得老板欢心。但老板不是傻瓜,业绩才是最好的法宝,如果你再努力,再勤奋,业绩上不去,那一切都是空谈。如果你的业绩不佳,那么就不要冒失得找老板谈了,还是想想怎么把业绩提上去,这样才有跟老板谈判的筹码。

【和周围的同事比较一番,掂一掂自己的分量】

把自己和周围的同事做一番分析、比较,看看自己是鹤立鸡群,还是资质平平。没有比较就没有鉴别,如果你确实在各方面都比别人略胜一筹,那么这次晋升即使你不去主动争取,那么也非你莫属;如果在比较之下,相形见绌,那么还是不要去碰壁了。当然,这一番比较一定要客观,切不可自以为是,不是你说自己行就行,说自己不行就不行的。应该找专业的顾问,或者和你没有太大利益冲突的同事来为你做全面的评估。

所以,当你在埋怨老板不重用你时,不妨从以上各个方面反省一下自己,是否在某一方面做得不够好。明智的人会去深思自己哪里做得不够。你有没有用心为公司着想,你自己知道,周围的人也知道,老板更是明白。

只能说，老板在应该提拔你的时候而没有提拔你，这是他的损失。可以再给他一点时间，也许是真的没有发现你的潜力。等待的同时，也别忘了对自己多做一番检测，看看自己是否具有被老板提拔的条件。

第二节　想晋升却口难开

人们常说，"机不可失，失不再来"。职场上的晋升机会有时也是如此，稍纵即逝，如果错过了一次，也许就永远错过了。所以在面临晋升机会时，一定不要轻易放弃。

好多人老是抱怨自己总是得不到晋升的机会，一直在原地踏步，许多不如自己的人反而平步青云，一路高升。那么，你要反思一下，如果自己的能力没有问题，那么是不是因为自己"羞于启齿"，让自己错过了一次又一次的机会呢？

张力和柳明同在一家公司的同一部门，当年他们大学毕业后，由于良好的学历背景和对口的专业，两人双双进入该公司的核心部门工作。经过几年的历练，两人的业务能力都不断提高。在上司的眼中，他们已然是公司的得力干将。虽然两人的工作能力不相上下，但是性格却是迥然不同。生性开朗的张力热情、大方，脑子活，在公司里的人缘十分不错。而柳明就恰恰相反，他性格内向，像老黄牛一样只知道默默做事，低调内敛，和公司同事的关系也是得过且过，并没有和谁太过熟稔。不过作为大学同学，张力和柳明一直互帮互助，良性竞争，彼此心中并没有什么芥蒂。

不久,公司的一位中层技术管理人员换岗,这一职位空缺了出来。小道消息迅速在公司蔓延开来:高层打算从公司内部提拔,张力和柳明是最有力的竞争者。

世上没有不透风的墙,张力和柳明也很快得知了这一消息。其实在公司高层的会议上,张力和柳明的直接上司,更倾向于柳明担纲这个职位,考虑到这个职位技术性强,又是关系到公司核心产品的质量监控,稳重踏实的柳明似乎更适合这个岗位。

面对这个不可多得的机会,张力和柳明的做法也截然不同,所谓"性格决定命运"。一个月后,每个人都接到了群发的邮件:新任技术总监的人选是张力。大家都纷纷恭喜高升的张力,而柳明只是默默地过去和张力握了握手,大家还是看出了他强颜欢笑背后的失落。

柳明输得其实有点冤,因为本来胜利的天平是朝他倾斜的,但是他却硬生生把上面的砝码给去掉了。因为就在此前,公司中、高层领导都分别找了两人谈话,问他们对这一职位的看法,并借此进一步了解二人。

张力在谈话中侃侃而谈,列举自己的优点与不足、对这一职位未来的设想,并不露声色的表现了自己的"野心",深受领导赞赏。而相形之下,柳明的表现就逊色许多,在领导面前,他还是维持自己一贯的风格,言语不多,虽然他其实也很渴望这次机会,而且也清楚自己的实力,但是他秉承着"酒香不怕巷子深"的做人准则,始终不肯正面说出自己的想法,在领导看来这是缺乏承担重任的勇气和魄力。

张力和柳明在机会面前原来是平等的,但是就因为柳明的"谦让",机会与他擦肩而过,他后悔不已,但也无可奈何。所以,当晋升机会来临之时,一定要该出手时就出手,毛遂自荐。

职场自救攻略

不过,当你终于下定决心与上司开诚布公地恳谈,表明你升职的意愿时,还是要讲究方式方法,提前做好功课,不能无的放矢,以免适得其反。

【事先调查】

众所周知,每一次晋升名额常常都是非常有限的,不论是大公司还是小公司，除非遇到重大的人事变动和机构调整，有限的晋升机会并不是每一个人都可以获得的。所以，在这种情况下，你若想向上司主动说出自己的要求，最好先做一番明察暗访，看看自己胜算的把握有多大。

先打听清楚这是一个什么位置，自己能否胜任；其次，打探一下你的竞争对手的情况，如果他们和你的水平旗鼓相当，你自当放手一搏，如果你自知和他们相去甚远，还是不要冒险为好，显得不自量力；最后，还要掂一掂自己在上司和群众中的分量，如果人缘不好，或者曾经得罪过顶头上司，那么还是趁早放弃，不如韬光养晦，苦心修炼了。

俗话说：机会只给那些有准备的人，如果自己无论是能力，还是心理上都没有准备好，还是再耐心等待下一次晋升机会吧！

【提前暗示上司】

在正式提出问题和上司讨论之前，可以向上司做出一两个暗示，表明你的立场，这样在正式和他谈论此事之前，他心理上也会有一个准备，不会太突然。不用担心自己的提醒是邀功的表现。和上司说出自己的意愿，并不是一定要说服他同意自己的晋升要求，而是要使他确认给予你提升是出于对公司大局和你个人利益的综合考量。即使他不同意，你也应该了解其中的原因。如果你认为这个拒绝原因是合理的，那么在今后就要弥补自己这方面的欠缺，如果他只是敷衍你，随便找个借口打发你，那么也许是你该考虑换公司或者换职业的时候了。

【选择好时机】

选择时机跟上司交谈晋升问题也很关键。你必须综合考虑“天时，地利，人和”。如果时机不对，你的一番努力很可能付之东流。

麦肯锡有一个著名的“30 秒电梯理论”。在外企，越级是比较忌讳的。当你有想法却无法敲开领导者办公室大门的时候，你可以创造机会，与老板同乘一部电梯。一幢 30 层的大楼，电梯从底层到顶层的时间大约是 30 秒。如果电梯里就你们两人，你就可以说，“你好，我是某某，我有一个想法不知跟您说是否合适？”他可能就会“哦，啊”地跟你应付。30 秒后，如果他觉得你说的值得他继续听下去，他会说“有时间跟你详聊”。一般情况下，他回去就会告诉秘书，“我要和某某谈谈，给我约个时间。”

类似的方法很多,未必非要在电梯里,否则,办公区是平房怎么办?

最关键的是,30 秒钟时间,你说什么?如何找到对方的兴奋点,调动起对方的热情,变被动为主动,让他找你。一个员工如果在 30 秒以内讲不清楚所要表达的意思,讲不清楚公司、所在部门以及他自己的任务,那么,这个员工就已经不称职了。

【用事实说话】

与其在上司面前大肆吹嘘自己,不如直白地告诉他你究竟为公司做了什么。最好是用直观、客观、一目了然的数字,来告诉上司你的业绩。比如,做一个列表,详略得当地列出你的"战绩";同时,在描述你的工作成绩的同时,尽量避免用形容词和副词,不说空话和大话,比如"我同某某公司签订了一个订单",而应该说"在短短一个月内,我同某某公司签订了一笔 N 万元的订单",这样简单明了的数据会让上司清楚你的努力和你在公司里的位置,要比苍白的吹嘘有用有效得多。

【让上司明白提拔你的理由】

要说服上司接受你的晋升要求,并非易事。因为,很可能他心中已经有了合适的人选,也在你暗示他的时候想到了拒绝你的理由。但是,如果你能拿出无可辩驳的理由,至少能为自己的升迁之路争取一次机会。

你可以诚恳地向上司表明,给你更多的权力可以让你更好地完成更多的工作,你了解周遭同事的能力,可以更好地分配任务,并做到奖罚分明;你可以用最少的人手办成现在同样的事情,为公司节约成本等等。当然在描述的过程中,你也要用具体的数字让上司信服你。如果上司是一个明智的领导,即使最终不会改变主意,那么以后他也会留意你的表现是否如你所说的那样,如果以后有了类似的机会,他一定会首先考虑你的。

【不要输不起】

有些人抱着势在必得的心态跟领导谈话,妄图一击必中,结果铩羽而归,此时会觉得丢面子,会用敷衍工作或者离职发泄自己的不满情绪,其实这样做的结果只会适得其反。上司心里如明镜一般,用谁不用谁早有打算。如果你采用这种方式威胁对方,那么最后吃苦果的只能是自己。上司只会认为你是个心胸狭窄,经不起打击的人。

当然，如果你真的够出色，能力够突出，上司却视若无睹，非要用那些比你差的人，那么离开不啻为明智的选择。所谓“良禽择木而栖”，相信凭你的才能，一定能找到一个更适合自己发展的好公司。

所谓登高望远。想要看到更美的风景，就要站在更高的位置。机会是别人给的，但抓不抓得住还得要看自己。即使输在别人身上也不能输在自己身上啊！

第三节　竞争对手虎视眈眈

在职场上，遭遇竞争对手是不可避免的，尤其是在面临晋升机会的时候，似乎每个人都变成了你的对手，大家对这个职位都是“虎视眈眈”，没有谁会主动让贤。

有些时候，你具备了胜任新职位的一切条件，胸有成竹地去竞争一个自己势在必得的职位，然而最后却败下阵来，也许就只是差那么一点点，让你每次都与升职失之交臂，从而让你的升职之路遥遥无期。

这样的结果很多时候都要“归功”于你的竞争对手。

对，职场就是战场。有很多时候职场战士们都将自己的竞争对手看做是死敌，为了得到那个期待已久的职位，往往会不择手段地排挤对手：或是拉帮结派，或在上司面前历数对手的不是，或设下一个又一个巧计使得对方“马失前蹄”。这些，对于每一个职场人来说，都是一个个引你入危机的陷阱。

从 Nancy 来到这个公司的第一天开始，Kelly 就对她十分戒备。对于一

个女性资源比较稀有的IT公司来说，Nancy漂亮、自信、学历也高。而现任的人力资源部经理又因为生宝宝而提出了辞职。经理职位马上空缺出来，Kelly敏锐地感到Nancy是自己的一个威胁。因为领导很有可能在Nancy与Kelly之间提拔一个。

于是，Kelly自恃在公司中比Nancy的资格老一些，便经常在老板面前说Nancy的坏话，有一次竟当着全体员工的面因为一点小事对她横加质问。Nancy尽管心中十分生气，但很有涵养的她并没有与Kelly发生正面冲突。可公司领导却认为，Nancy没有辩驳，很可能是因为自身的理亏。所以，原本平衡的天平倾向了Kelly这一边。而Nancy注定失去了这次晋级的机会。

可见，职场晋升路上，处处都深藏暗器。小心与不小心都有可能中招，尤其是在对手无所不用其极的情况下，晋级路上更是风险多多。

那么如何在激烈残酷的升职竞争中脱颖而出并最终胜利呢？

职场自救攻略

【不要过早暴露自己的“野心”】

在晋升竞争中，一定要学会克制自己，不要过早地将自己的意图写在脸上，如果过早地卷入竞争之中，只会让自己被淘汰得更快。

关磊在一家公司已经工作将近8年了，无论是业务能力还是专业技能都已经日臻成熟。关磊信奉“不鸣则已，一鸣惊人”的人生信条，在以前的晋升机会中，他都没有主动争取，认为火候未到，如今，他认为自己已经具备了升迁的条件，于是跃跃欲试。

不久，机会来了，关磊所在的技术部经理跳槽去了另一家公司。于是，关磊按捺不住激动的心情，恨不得诏告天下，这个职位他志在必得。甚至公司其他部门的人都知道了他的这点“野心”。关磊自己也毫不避讳，还高调请大家吃饭，席上喝高了的他还承诺，如果坐上这个位子，一定要为大家谋福利，重新调整部门发展战略，云云。

不料，两周后，任命通知下来了，关磊落败，而且是败在一个名不见经传的同事手里。

俗话说，枪打出头鸟。如果过早地暴露自己，加入公开的竞争之中，就会过早地引来对手的关注，也就更容易暴露出自己的短处，让对手有充足的时间制定打败你的策略。明智的做法是，对自己的一言一行都要谨慎，将自己巧妙隐蔽好，这样便可以较好地避免在竞争中首先被对手攻击。正如兵法上所说，你在明处，别人在暗处，此乃兵家之大忌。反之，就可以后发制人而不制于人，获得主动权。

【扬长避短】

俗话说：尺有所短，寸有所长。每个人都有自己的优点和缺点。在工作的时候，我们都应该学会发挥自己的长处，避免暴露短处，这样才能向有利于自己的方向发展。

同样，在晋升机会来临之际，不可能十全十美的你，一样要学会扬长避短，方能在竞争中占得先机。

一家文化公司为了扩大宣传规模，决定创办一份专门的杂志，为该公司宣传。创立之初，董事会决定从内部选拔这份杂志的总编辑。

消息传开，大家议论纷纷，一致认为最有竞争实力的是去年新来的名牌大学高才生刘兰和有一定行业经验已经在公司三年的周辉。

候选名单公布了，果然他俩榜上有名，不过公司要举行一场竞选演讲，评委当场打分，最后决定谁来当这个总编辑。

刘兰生性活泼，待人热情，虽然进公司只有一年，但是上上下下关系都处得不错，一直在公司担任宣传干事，时有文章见报，领导对她很是满意。名单出来以后，刘兰自恃和领导关系不错，加上自己业务能力突出，所以觉得胜券在握，没把平时少言寡语的周辉放在眼里。

相比刘兰，周辉是沉闷了很多，在公司三年多，除去一个部门的同事，和其他同事都是泛泛之交，有些同事甚至对他都没什么印象。不过，他的优势也是显而易见的：之前在报社担任过编辑、记者，而且和省市报纸、电台、电视台都有良好的关系。而且在演讲之前，周辉仔细分析比较了自己和刘兰的优势和劣势，最后完善了自己的演讲稿。

演说开始，刘兰从几个方面阐述了自己对这份杂志的看法，突出的是这份杂志对企业发展的重要性。

做足功课的周辉则从杂志本身质量的提高谈起，阐述了创办杂志的定位和功能以及与企业的关系。而且都用具体的数据和事实说法，分析比较，有理有据，侃侃而谈，赢得了大家的阵阵掌声，连那些平时对他颇不以为然的同事都对他刮目相看。

结果可想而知，周辉以高票当选这份杂志的总编辑。

所以说，所谓“知己知彼，百战不殆”。要想在竞争中胜出，必须了解、摸清对手的底牌，掌握他的优势和弱势，根据自己的优势和劣势，做出相应的方针策略，一击即中。相反，如果以短比长，那必定失败无疑。

【学会和平竞争】

实际上，“成者王侯败者寇”并不适用于竞争激烈的办公室，因为不论胜败如何，大家今后还是要在一起工作。试着让自己拥有一颗宽容的心，让心绪变得平和，使自己能理解别人，这样无论成败你都是英雄。

赵蕊和陈欣同在一家公司的人事部门任职。人事部经理在离职之前，曾向公司推荐赵蕊代替自己，但最终坐在这个位子上的人却是陈欣。有人为赵蕊鸣不平，毕竟陈欣无论从资历还是从学历都比不上她。但赵蕊笑着说其实陈欣有许多优点，比如活泼好学、聪明伶俐。

其实，赵蕊心知肚明，陈欣为了得到这个职位使用了不高明的手段——贿赂公司副总。但是大度的她并不去追究这件事，在同陈欣的交往中仍保持着友善的态度，令本来心中有愧的陈欣既意外又感动。

第二年的薪资评比，赵蕊得到了最高的加薪幅度，身为人事部经理的陈欣在其中当然起了举足轻重的作用。不久赵蕊如愿以偿，被委派做了公关部的经理。这不能不说是一个皆大欢喜的结局。

办公室的紧张压力本来就使人与人之间失去信任，变得猜忌、怀疑、戒备。这时的你与其花费时间去贬低对手、用旁门左道打压对手，不如冷静下来想想怎样编织更为和谐的人际关际和圆满地完成每一件任务。如果能做到做事得体、待人有礼，把自己修炼成一个高尚亲切有品位的职场人士，那么你一定会争取到那张对自己更为有利的牌。

职场中的人际关系就是这样，走到哪里也都会有互惠互利，尽管有时并不公平，但是不居要职的你没有生杀大权，在办公室这个“是非之地”，如果不遵守其中的游戏规则，那么当裁员的号角吹响时，第一个被淘汰出局的人，也许就是你。

你的宽容大度会使别人乐于接近你和与你共事，在竞争中你会得到更多的投票。宽容也许会掩饰你的个性，但在公司这个讲究团队合作精神的地方，其实并不需要你有太强的个性。有时候个性太强会使上司觉得缺少服从和整体意识。

理解常常是由宽容的心产生的。如果你能理解对手，那么，你的同事和上司会相信你能理解在以后工作和人际关系中所发生的种种矛盾和不愉快，从而使大家的合作变得顺畅自然。

有竞争就有输赢，赢要赢得光彩，输也要输得有风度。毕竟不是古装片，动辄就拿性命当筹码。人在职场不仅是为了吃饱穿暖，更多的意义是人生价值的一种升华。纵然处在风口浪尖之处，也要笑看风云变幻。

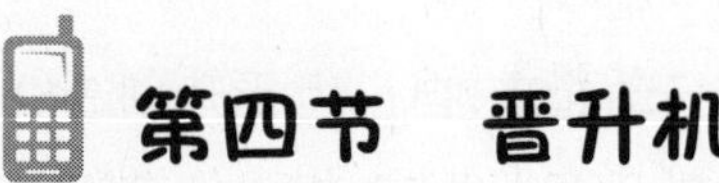

第四节 晋升机会寥寥无几

晋升机会对大多数人来说，并不是那么容易获得的，毕竟是众人一起过独木桥。晋升也不是发福利，会轮到每一个人的头上。只要耐心等待就好，早晚会轮到你。

然而，我们许多人依然努力工作，希望争取到一个机会。可是很多时候，事与愿违，你工作勤奋努力，百分百敬业，每晚都超时工作，甚至经常牺牲周末的休闲时光，只为了将任务完成得更漂亮一些，升职却永远是一副遥遥无期的样子可望而不可即。

余慧在一家外贸企业从事报关员的工作，几年来，她从最底层的工作做起，先是跑腿打杂，后是做前台，负责公司的接待事宜，最近两年她凭着一股对外贸工作的热情，利用业余时间刻苦攻读，考下了报关员资格，在公司也站稳了脚跟。

随着公司的业务量不断扩大，公司招聘了不少新人，其中包括许多管理岗位。其实凭着余慧的业务能力和对公司的了解，她完全有能力胜任管理岗位，可是机会却迟迟不肯落到她的头上。一向好强的余慧有些怀疑自己的能力，是我真的不行吗？

为什么兢兢业业工作多年却始终得不到升职机会？你是否也遭遇了余慧这样的晋升危机？

其实，有没有机会，还要看主观。有句话说得好，机会只给那些准备好的人。机会不会无缘无故从天而降，机会也不可能守株待兔，静静地在某个角落等待你的发现。机会具有潜在性，需要你的挖掘；机会也具有选择性，它只垂青那些努力追求它的人们！

职场自救攻略

【让自己成为猎头的目标】

与其坐等机会的来临，何不行动起来，自己为晋升创造机会呢？

俗话说得好："瘦田没人耕，耕开有人争"。如果你被猎头看中，对方公司许以高薪高职，那么你的身价自然是水涨船高，势不可挡。公司若想挽留你，势必得至少许以同样的条件才可以挽留你。

其实很简单，要想让公司重新评估你的价值，只需在恰当的时机将"你是猎头的目标"这一信息传达出去即可，比如装作不经意地在公司的某此午餐会上向同事打听："我接到同行某公司的电话，你对这家公司了解多吗？"你挑起了话题，别人自然会热衷向你打听细节，如此一来，不出一周，你被别人挖脚的消息恐怕就人尽皆知了。公司的人事部自然要会同你的主管商议你的去留。当然，采用这一招其实是一招险棋，如果你在公司并不具备举足轻重的地位，只是一个可有可无的小兵，那么后果将是很危险的，因为搞不好，公司会顺势推舟，让你走人，因为你不是找到更好的栖息地了么？

【让别人知道你的才能】

当别人知道你有多方面的才艺，会觉得你是一个全能的人。例如在美术、运动、社会服务方面的表现可塑造你的形象，创作力丰富、专注和有爱心。

27岁的杨丽在一家电视台做助理编导。她在音乐方面很有造诣，她没有想到就是这方面的才能为她带来了更多的工作机会。有一次大家在一起吃饭的时候，聊起音乐，杨丽告诉大家自己组建了一支很前卫的乐队，不仅自己创作全部曲目，还负责编曲、后期制作等一切工作。她的上司听了以后对杨丽有了新的认识。后来的一期节目要做于地下乐队的专题，上司当即找到杨丽，让她的乐队拿出自己的原创作品来作为这期节目的表演嘉宾。节目做得十分成功，杨丽也因为把握住了这一次难得的机会，随后被晋升为台里正式的编导。

现在的社会都推崇复合型人才，不仅要在一个领域“专”，还要在多个领域“博”，这样的人才能更快地得到晋升。所以，如果你有除去工作之外的某一项才能，千万不要吝啬将它展示出来，因为往往会收到意想不到的效果。比如，你可以将自己的作品展示于办公室，以引起别人的注意，如果你够幸运的话，这可能是公司高层与你展开对话的机会。或者在公司组织的集体活动中，也可以露一手。当然，要切记不要太过张扬，恨不得天下人都不知道你那点本事，这样就会适得其反，让你以为你是个爱出风头的人了，凡事都要适度。

【让自己很受欢迎】

同事之间钩心斗角的时代已经过去了，不少公司为削减开支而裁员，使雇员的工作量大增。在这种形势下，分工合作显得尤为重要。没有同事——无论是上司还是部下——的支持，你将很难办成一件事。

吴刚是一家肉类加工公司的主管。对他来说，同事们的支持至关重要。过去20年来，他是从生产线上开始，一步步晋升到高级管理层的。他以前经常代表大家与领班谈判，解决纷争，员工们都十分信任他。正是这种信赖，使得他屡屡升职。公司管理层深知，凭借他在员工中的威信，他完全可以解决那些棘手的问题。

如果你在公司中人缘很好，乐意为大家排忧解难，在工作中一马当先，那么你的这些表现无疑会被上司看在眼里。提升你不仅可以让你更好地开展工作，而且也能更好地服众。

【自己创造机会】

有句话说得好：愚者失去机会，弱者等待机会，智者把握机会，强者创造机会。

是啊，晋升的机会本来就少，如果一次错过，下次还不知何年何月轮到自己头上。那么与其被动等待晋升职位，不如自己创造一个。

萨克斯顿在著名的传播机构贝尔·霍韦公司任职时，一名高级管理人员要对公司众多分支机构进行分析，拟定计划以协调它们的工作。萨克斯顿把注意力集中于维尔丁电影制作公司。虽然该公司一直在亏损，但是萨克斯顿知道它可以扭亏为盈。为此，他提出一个具体的市场开拓计划，建议维尔丁公司卖掉电影制片厂，将业务集中在咨询顾问及推销新产品上，上司对此大为赞赏，当即把萨克斯顿提拔为维尔丁公司副总裁，主管市场开拓。不到一年工夫，他就使维尔丁公司芝加哥分部开始盈利。萨克斯顿用赫赫业绩向公司管理层证明了他的能力，从而也为自己创造了一个更高的职位。

如果你对公司的机构改革或者人事调整有大胆且富有建设性的建议，不妨勇敢提出来。其实公司并不十分关心是否把你的职位提高多少，公司关心的是你的建议能否给公司带来更多的利润，如果你的建议获得高层认可，而且你确实又为公司带来了丰厚的利益，那么你的升职自然是顺理成章的事情了。

晋升的机会可遇不可求，但不能因为目前没有机会就放任自流，只有不断地充电与准备才会让你抓住一闪而过的机会。

第五节　晋升之路　贵人难求

在职场中，往往有这么一批人，他们基础扎实，专业素质过硬，业务能力突出，而且对本行业也有一定了解，但是就是迟迟得不到晋升，他们自己百思不得其解，就连旁人也不免为他们叫屈。那么，也许，他缺的正是贵人相助。

其实，如今，职场人最大的挑战不但要把工作做好，更是要将职场人际关系做好。正所谓：先做人，后做事。而处理好职场人际关系的秘诀就是寻找你的职场“贵人”。要知道，在攀登事业高峰的过程中，脚踏实地地埋头苦干固然令人称道，但是如果有了贵人的相助，那么岂非事半功倍？

香港某杂志曾经针对港岛的上班族做过一份调查，结果在所有受访者中，有70%的人表示有被贵人提拔的经历。而且，年龄越大，曾受提拔的比例越高，尤其是50岁以上的受访者，几乎每个人都曾经遇到过贵人。

该杂志同时指出，一般人遇到贵人的黄金阶段，大都集中在20～30岁这段时间，主要原因是，这段时间是一个人一生中的事业关键期。这份报告证明，有贵人相助，的确对事业会有很大的帮助。受访者中凡是做到中高级的管理者，有90%以上都受到过别人的提携或者恩惠，而自行创业当老板的，竟然百分之百都被贵人帮助过。

什么是职场贵人？简而言之就是在职业生涯中能帮助且会帮助自己的人。如果对方不会帮你，那他的身份再尊贵、地位再显赫都跟你无关。而哪怕对方再不起眼，在你困难时能助你一臂之力，那就是贵人。

贵人的范围其实很广，不管是上司、同事，还是朋友、同学，甚至是你的对手，这些人都有可能是你的职场贵人。“一个成功者的背后，站着一群

人”，这话还是有一定道理的。

现在经常说“借力”就是鼓励职场人要去发现、善用你的“贵人”，因为个人的力量毕竟有限，所以千万别忽视身边的每一个人，更不要因为人家目前暂时不起眼而小瞧了对方，说不定他明天就有更好的机遇更好的发展能对你的事业有帮助了呢？

上司可以给你指明方向，同事和你有相对共同的目标，朋友能在你陷入困境时给予支持，欣赏你的人能带给你信心和勇气，不喜欢你的人能激发你的斗志不断激励自己，甚至是一个陌生的职场精英所拥有的成就让你有了学习的榜样……谁能说，这些人不都是你的职场贵人呢？

一个职场人不可能在没有任何人帮助的情况下走得一帆风顺。如果不处理好自己与周围人的关系问题，别说贵人不登门了，反倒惹来一群小人。厉害的是宁可少个朋友，也不能多个敌人啊！

但有时真的会在不知不觉中把人际关系搞得一团糟，贵人更是用钱也买不到的。如果做到了这个份上，那么离职场危机也就不远了，加薪晋升更是没有你的份。

职场自救攻略

【要有找到贵人的眼光】

那么，如何在芸芸众生中找到真正能够帮助你的贵人呢？

贵人的数量不需要太多，只要具备了敏锐的眼光，一两个贵人就能在你的职业生涯中产生积极的重要的影响。

马琳大学毕业后应聘到一家集团公司下属的子公司，在一副经理手下工作，那位副经理工作能力很强，为人处世比较成熟老练，各方面的人际关系处理得比较好，初到公司的他毫无根基，当时就决定跟着那位副经理好好学好好干。

事实证明，这一决定对马琳后来的发展大有裨益。那位副经理后来果然升了经理，接着当副总，最后居然当上了那个子公司的总经理，不用说，马琳因为近水楼台，也一路跟随那副经理，连带着也一次次得到提升的机会，不管是工作经验还是薪资待遇都积累得越来越丰厚。

所以说，贵人不会凭空从天上掉下来的，要碰到真正能帮得上忙、能提携自己的职场贵人不是易事。有一点很重要，自己一定要有找到贵人的眼光，然后认准了目标就“咬定贵人不放松”，毕竟贵人也需要有下属需要有合作伙伴需要有朋友，如果你一直在他身边，他不帮你帮谁呢？

【贵人来了不要错过】

每个人都会有自己的职场贵人，区别只在于多少而已，最重要的是千万别因为一些过失错过了你的职场贵人。

何媛做的是营销策划工作，写得一手好文章，同事都叫她才女。那年她们单位来了个副总，有次副总召集几个经理开会，准备写一份报告，听说她文笔好，就把她叫去布置那个算是临时的任务，没想到心直口快的她当场拒绝：“报告、总结之类一向都是办公室写的，再说我对情况确实不了解肯定写不好。”

后来，何媛在一次偶然的机会才知道那位副总居然是很有背景的人，连他们的总经理都让他三分，因为她那次当场拒绝让副总觉得有些难堪，该副总后来对她挺疏远，甚至在一些场合还说她没有全局观，太斤斤计较，同时一直重用另一位文笔不如她但很乖巧听话的同事。何媛为自己错失良机懊恼不已，可惜为时已晚。

同样是偶遇“贵人”，孟津就把握住了机会。

孟津第一次在电梯里撞见公司老总的时候，并不知道那个人就是公司老总。当时，老总的手机刚好掉在她的脚下，她只是趁便蹲下去帮老总捡起了手机，老总对他微笑了一下。后来在跟很多人挤一台电梯的时候，孟津听见周围的人一个劲地喊×总，她才知道这个人就是老总。

有次加班到凌晨两点，孟津在电梯上又碰见了老总。在她跟老总打招呼之后，老总似乎还记得她，就主动询问她最近的工作状况。孟津也实话实说，说自己接手的一个项目最近遇到一点麻烦，一直停滞不前，所以才经常通宵加班。老总听了她的汇报，随口说了几句自己的意见，话里还透露了公司即将做出的一些变动，虽然只有短短几分钟的谈话，孟津却从老总那里得到了很多对自己有用的经验。她回去仔细想了老总跟她说的话，在自己的项目上做了一些调整，不久项目最棘手的部分也迎刃而解。

等到整个项目顺利完成的时候，部门领导特地走到孟津位置上肯定她的工作，并说要补给她一个多月的夜间加班费。孟津心里纳闷，加班是自己想把项目做好，并没有跟任何同事说，领导也不知道，这笔加班费又从何而来。后来仔细一想，一定是自己碰见老总的那天，老总记下了她的努力。等到年终评最佳的时候，孟津又一次榜上有名，同事们纷纷说，以后下班要晚，因为容易撞见贵人。

所以说，身为职场人一定要注意：一是在不知道身边人的底细之前，千万别把人家给得罪了，否则不但不会帮你有可能还会害你；二是如果已经有机会结识了有能力帮你的职场贵人，一定要在平时就用心去维护彼此的关系，别等到需要时再临时抱佛脚。

【主动出击寻找贵人】

与其苦苦等待贵人出现，不如主动出击找寻。

要遇见贵人，就要多多创造和贵人接触的机会。除了积极参加各种活动，拓展人脉之外，日常的沟通也必不可少。最直接的办法是多见面，其中见面是增进人与人之间了解的最好的方式，另外还可以多与对方通电话、发短信，有时一句问候、一声祝福也是非常温暖人心的。如果这些你都做到了，那么就算只见过一两面的人，也会保持着对你的好印象。说不定将来哪一天，就在一个关键的时刻成为你的贵人。

张萍进广告公司满两年了，比起来公司三五年的前辈，还算是一个新人，怎样跳过这一堆人展现自己是她事业发展的重点所在。其实她的工作能力和个人才华，周围的同事包括公司领导都是认可的，可惜公司人才辈出，她的晋升之路看似遥遥无期。

在一次公司内部的私人派对上，张萍偶尔认识了一个穿着高贵、谈吐优雅的女士，当时周围没别的同事，张萍就有一搭没一搭地跟这个陌生女士聊了几句。没想到，两人都热爱旅行，在旅行这个事情上有太多的共同语言，简直是一拍即合，两人还互留了联系方式相约长假一起去东南亚海岛旅游。之后，张萍在公司里也不经意间撞见这个派对上认识的女士，她才留了心到公司通讯录里一看，发现对方正是公司副总。因为常年在海外出差，所以不怎么出现在公司里。

于是，张萍的女性朋友里就突然多出了一个副总级别的人物，关键还是自己公司的领导。两人一起逛街，出去玩的时候，副总也会时常问问张萍对公司发展的想法，张萍当然不会放过这样的机会。副总很认可她的才能，就把她推荐去了公司里一个更有发展空间的项目组，周围比张萍资深的同事都羡慕不已，谁叫她抓住了一个贵人呢。

所以说，要充分利用机会结识贵人，说不定会有意想不到的斩获。不过在多交朋友的基础上，也要有所选择，要多和优秀的人在一起。要被人赏识，需要让贵人了解你这个人。所谓日久方见人心，要维护好一段关系，让人对你有所了解，是需要投入时间的。而一个人的精力与时间的分配都是很有限的。所以，最好是先想清楚自己的发展方向，再关注这个行业或这个方向上的优秀人才，去重点接近和学习。

在职场中，有时贵人是可遇而不可求的。在等待"出现贵人"的阶段，除了人际关系处理技巧外，更重要的还是内涵。贵人之所以愿意帮助你，提拔你，除了爱才惜才，更是看好你未来的发展，也是为贵人自己的未来经营人脉。而且中国历史上历来把贵人和被赏识者看做同一条船上的人，被举荐的人如能功成名就，推荐的人与有荣焉，被举荐的人若是出了问题，打保票的人也难辞其咎。所以你自身能力越强，成功的可能性越大，被贵人赏识的几率就越高。

寻找贵人的路上，一颗感恩之心必不可少。世间千里马常有，而伯乐不常有。贵人的相助往往是成就事业的关键，当贵人遇到职场危机时要尽力相助；当贵人无法帮助你再次突破的时候，千万不要过河拆桥而将他遗忘。拥有珍惜和感恩的心态，才能吸引更多愿意帮助自己的人。

第六节　女性，要"孩子"还是要"位子"

女性，相对男性，在职场上有着不可替代的优势，英国曾经做过的一项调查表明：与男性相比，女性管理者的职业素质有十大优势：耐力持久、善于引导、敢于创新、富有灵感、开放纳新、决策清晰、长于合作、坚决果断、脚踏实地、善解人意。但是事实上，现在职场的男女比例中，从普通职员到高层管理者，女性雇员所占比例呈倒金字塔形。越是高层，女性的身影越少。

是什么原因，让女性同胞们一再遭遇晋升危机呢？某组织曾经举办了一个关于晋升的沙龙，参加者出乎意料的全部是女性。当被提问，女性是否在晋升过程中遭遇职业瓶颈时，在座的女性无一例外地称是。而调查数据显示，更多的女性投票者把"生育问题"放在了影响晋升的首位要素，比率高达 33.64%。

的确，对于女性来说，最佳生育年龄和事业"黄金时代"往往同期抵达。要"位子"还是要"孩子"，是大多数女性白领面对的两难选择。

莫玲在 29 岁的时候意外地有了孩子，这个消息让她和丈夫喜忧参半。温柔贤淑的莫玲并不属于女强人型，而且自从和丈夫结婚后就将造人计划提上了议事日程。不过，因为两人工作繁忙，生孩子的计划一再推后。如今，这个小生命的意外来临可以说终于圆了两个人的心愿，不过，他来得似乎不是时候。因为眼前正有一个极好的机会，莫玲所在的公司最近要上市了，正是大举用人的时候，她是贸易和法律专业的双学士，只要把握时机，升职不成问题。辛勤耕耘眼看就有结果，哪儿有弃置的道理。不要吧，孩子现在已经三个多月了再打掉危险性太大，更何况之前已经打过一次了，再次堕胎很可能会造成不良后果。这一两难境地，真是愁煞莫玲了。

在职场中，像莫玲这样的白领为数不少。毕竟，结婚、生子，是每个人都需经历的重要的人生成长。对于男性来讲，它只是一个里程碑式的仪式。对于女性来讲，这是人生的一次丰收，更是事业发展的一道坎。

现在职场女性在无论是生理上还是心理上，较为普遍的生育年龄是27～33岁。早于27岁的，在物质与精神上还没准备好。晚于33岁的，就有高龄产妇的危险，所以，基本集中在这个年龄段。而27～33岁对于一个职场女性来讲，是一个黄金年龄。此时，你已经是一个资深员工，对公司的发展很了解，对公司的企业文化很熟悉，对业务流程的操作很熟练。这个年龄段的员工，往往就是部门的骨干和精英，也是中层管理者的储备力量。也就是说，晋升的机会随时会降临。

而这时的职场女性几乎都会面临着生还是不生，今年生还是再晚几年生的问题。特别是即将要生育的女性，同时面临着一个企盼已久的晋升机会，将会陷入一筹莫展的境地。

考虑到未来的发展，也许不少女性会选择先抓住晋升机会。谁都不想错过千载难逢的晋升机会，更重要的是自己辛苦打拼得到的认可也需要珍惜。如果放弃了孩子，选择了位子，这样一来，新的工作岗位，需要投入更多的时间精力，生育的事又不得不往后放了。等觉得生育的问题不能再拖时，已不得不面对自己已是一名高龄产妇的严峻考验，最糟的情况就是失去当母亲的机会。

而选择先生育的女员工，从怀孕到生育到休产假，将历时至少一年三个月。这期间，虽然时间不是太长，可也势必多少会影响年度的业绩考核。而业绩考核势必影响晋升机会的获得。所以，对于多数女员工来说，生育在职场上，就是一次偃旗息鼓。

如果是在管理规范的企业工作的女性，可能不需要担心自己的饭碗问题。但如果是一些管理不规范的企业，往往借女员工怀孕之时，变着法子降工资，或不提供必要的保护措施，迫使女员工不得不自己提出辞职。生育就这样让女性员工的职业生涯不得不中断了。

那么，面临选择“孩子”还是“位子”的职场危机，女性就一定要坐以待毙吗？难道没有一个万全之策为女性的职业之路保驾护航吗？

职场自救攻略

【认清什么是最重要的】

当然，化解这一危机并非易事，需要职场女性有智慧地把握着自己的方向，勇敢地做出取舍。

首先要做个头脑清醒的女人。所谓头脑清醒就是要清楚地知道自己喜欢什么，追求什么;对自己来讲，最重要的是什么。工作发展机会的背后，往往是需要付出成本的。那这个成本是不是自己能承受的?付出这个成本，自己会不会快乐? 你所得到的，是不是自己最想要的? 你所付出的，是不是自己可以不在意的? 只有想清楚这点，才会在各种选择中做出适合自己的选择。

面对孩子和位子的两难选择，或者选择抓住机会，发展事业，家庭生活做出暂时的牺牲，或是暂时放弃机会，注重家庭的建设发展。这里没有对错之分，关键在于自己的追求。选择一种，必然会放弃另一种。只有清楚自己的追求，才不至于患得患失，耿耿于怀。

【善于筹划】

要做个善于筹划的女人。要孩子还是位子，其实代表你对家庭和事业的选择。生活与工作，是人生天平的两侧，需要平衡，生活才更和谐。有规划与没有规划，机会成本会大不一样。有规划，即便因为生育中断了工作，但以退为进，始终没有放弃对自己所做的准备。而不知道自己想要什么的人，东一枪西一枪，即便有多年的工作经验也未必会成为今后职业起步的助推器。

那该如何做好筹划呢?

首先，要正视女性的生理规律。如果不是铁了心“丁克”到底，那还是应该与先生好好讨论一下生育这件事。

从生理上说，女性最佳的生育年龄应该是 25~30 岁。这时身体各项机能处于最好的状态。如果家庭关系稳定和睦，年龄也差不多接近 30 岁了，那还是把生育这件事尽快提上日程。

其实，如果没有太多意外情况，我们还是建议职业女性尽量在 30 岁前完成生育。一来是能让自己在身体状态最好的阶段完成这一重要的事情；二来从工作角度看，其实事业更好的发展机会一般都会在 30 岁以后到来，因为这时，你的经验更充足，心态更成熟，领导更愿意把重任交给你。如果此时你已是一名母亲，那其实更能给你加分。因为这意味着，你有更成熟的人生观，有更成熟的处世能力，更坚强的意志，更积极的人生态度。生育后其实会给你带来更多的机会。而这时，你已没有后顾之忧，可以大胆地做自己的职业发展的选择了。

【有的放矢】

其次，要以豁达的心态对待工作中暂时的中断。生育是女性的神圣使命，这时，它一定会给工作带来一些影响。或者是一段时间的中断，甚至是一次职业生涯的结束。但既然是做出了这样一个决定，就应该以豁达的心态来对待这暂时的得失。在这个时候，安全地、健康地生育一个小孩，就是头等大事。其他的一切，可暂时放一边。这样的心态很重要，特别是对优秀的职业女性来讲特别重要。因为表现出色的优秀职业女性，在职场上一路高歌，似乎停不下来了，所以，优秀的职业女性往往把自己的婚事或生育一拖再拖，往往就拖成了遗憾。

人生各个阶段，各有各的精彩。何不在生育的最佳年龄，放慢脚步，享受作为女性的另一种成就感，也许，生活会因此更完美。让女性的美丽因宝宝而更加绽放。